FRANÇAIS,
SI VOUS RÊVIEZ

ALAIN GENESTAR

FRANÇAIS,
SI VOUS RÊVIEZ

BERNARD GRASSET
PARIS

A Brigitte, Adélie, Edouard et Victor.

« *I have a dream.* »

Martin Luther King

« *Toute politique qui ne donne pas à rêver est condamnée.* »

Charles de Gaulle

« *Imagine* »

John Lennon

AVANT-PROPOS

Le réveil du Dragon

Un dimanche d'hiver, en fin d'après-midi.
A gauche du boulevard Saint-Germain, côté
Flore, un CRS est planté au pied de chaque
arbre, les mains derrière le dos, la
matraque pendue au ceinturon. En face,
sur l'autre trottoir, côté Lipp, quelques
centaines de personnes, des jolies filles
grimées montées sur des échasses, des
chanteurs de la compagnie Jolie Môme,
des dessinateurs de *Charlie-Hebdo*, des
passants, des voisins, des militants de
l'association Droit au logement font la
fête, miment un semblant de fête, un défi
de fête. Et au milieu des deux rives du
boulevard, entre la plantation de CRS ali-
gnés et la fête en plein air, des cars

blancs, une dizaine, bondés d'hommes en uniforme prêts à intervenir et à ouvrir les portes.

Il y a dans la rue et dans les cars blancs, ce dimanche d'hiver, plus de CRS que de manifestants. Le rapport des forces, disproportionnées, exprime une peur. Le pouvoir redoute que le Dragon bouge et déborde sur la ville. Le Dragon, du nom de cette rue étroite du VIe arrondissement où les sans-abri ont investi, quelques jours avant Noël, un immeuble inoccupé avec la bénédiction contrite de Matignon, de l'Hôtel de Ville et de toute la classe politique.

Le lieu, les cars grillagés – autrefois bleu marine –, les casques, la fête protestatrice, tout rappelle quelque chose, autre chose, ce mois de mars, si calme, qui précédait, en 1968, ce mois de mai. Aucun rapport pourtant, c'est évident, l'histoire, les deux histoires, celle déjà écrite et celle qui s'écrit, n'ont rien à voir. Le rêve de 68 s'est dissipé, il n'est plus que mémoire, souvenir caressé par les mélancoliques.

Rien à voir donc. L'histoire circule et ne recule pas. Si la comparaison entre 68 et 95 effleure l'esprit avant de s'échapper par raison, si elle est avancée avec prudence craignant le ridicule, c'est par référence à un constat, à une analogie, une seule, que possèdent en commun la société d'aujourd'hui et celle d'il y a vingt-sept ans : la classe politique n'apporte plus de réponses et laisse s'éloigner les gens, les jeunes, nombreux, déçus par ses silences, exclus de son jeu, cherchant ailleurs des solutions, les formulant eux-mêmes rue du Dragon, dans d'autres lieux, d'autres ruelles, d'autres directions.

« Le vrai but de la politique n'est pas d'administrer le moins mal possible le bien commun (...), il est de conduire un peuple, de lui ouvrir des horizons, de susciter des élans, même s'il doit y avoir un peu de bousculade, des réactions imprudentes », écrivait Pierre Viansson-Ponté dans un bel article prémonitoire, publié en une du *Monde* à la fin de l'hiver 68 et titré : « Quand la France s'ennuie... »[1]. La France s'ennuie de nouveau. Un ennui perceptible mais indicible au bord de basculer dans la colère ou de se fondre lentement dans l'acide de la cachexie, cette « consomption » dont parlait Viansson-Ponté concluant son papier : « Un pays peut aussi périr d'ennui. »

---

1. *Le Monde* du 15 mars 1968.

La veille de ce dimanche de l'hiver 95, les habitants du Dragon ont voulu ouvrir une université populaire dans un immeuble voisin, l'ancien cours Désir. Le pouvoir administratif leur en a refusé provisoirement l'accès. Motif : les conditions de sécurité des locaux n'étaient pas conformes aux normes. Aujourd'hui, en France, les conditions de sécurité de la société ne sont plus conformes aux normes ; l'accès au travail, au logement, au mieux-vivre est condamné, les portes se claquent au visage des exclus, sans qu'un parti politique, un homme ou une femme politique parvienne à trouver les mots, ce sésame social qui serait un programme de ré-ouverture de la société bloquée. Et le malaise gagne au-delà des exclus, il atteint l'ensemble du corps social qui doute et s'interroge, exige des réponses, des projets, de l'imagination.

68 voulait changer la société. 95 interpelle la société et, à sa tête, les responsables, les politiques, la droite, la gauche : que faites-vous ? Que dites-vous ? Quel avenir nous promettez-vous ? 68 hurlait à l'assaut du pouvoir. 95 appelle au secours. Nuance donc, énorme nuance, jusqu'au moment – possible – où l'absence de réponse devient

insupportable, réveille le Dragon, celui de la colère juste, et d'autres dragons, mauvais ceux-ci, apporteurs de réponses populistes, moralisatrices ou, pire, extrémistes.

Quelles sont les bonnes réponses ? Les hommes politiques les formulent mais s'arrêtent aux premières phrases, aux premières lignes techniques, oubliant d'enchaîner les suivantes, celles qui proposent une grande politique imaginée, celles qui dessinent un idéal, une perspective, visent un but à atteindre, un objectif, un rêve non plus illusoire, non plus utopique, mais réaliste et porteur d'espérance, de cette indispensable espérance qui motive et ravive la vraie politique, pas la politique administrative mais la politique passionnée et passionnante, combative et enthousiaste, audacieuse et risquée.

« L'homme d'action est avant tout un poète », écrit André Maurois. Etrange phrase un peu folle. La lire fait sourire, elle semble contradictoire. Elle paraît jouer avec les mots et les opposer pour le bon plaisir de les voir se choquer. N'est-ce pas toujours très beau, un mot qui se casse contre un autre : rouge contre noir, guerre contre paix, barbarie contre visage humain? De cela, les écrivains et les penseurs usent. Mais ce n'est pas par jeu. Ils reflètent le monde et ses va-et-vient contraires. Bien et mal, yin et yang, flux et reflux, main droite et main gauche, ennui et enthousiasme. Tout, partout, sans cesse s'oppose. Et l'opposition est le moteur, la force qui fait monter puis s'abaisser le piston. Et crée le mouvement.

L'homme d'action est un poète, avant tout. Sans elle – la poésie – son action est courte de vue, nue de projets et dénuée d'intelligence. Est-ce un hasard si Alexandre se plaisait à rêver et à raconter ses rêves, si Napoléon aimait la compagnie des gens de lettres, si César écrivait, si, à l'inverse, Chateaubriand et Hugo passaient de l'écriture à l'action politique, cherchant dans la seconde le prolongement de la première. « J'aurais été soldat, si je n'étais poète », disait Hugo. Et de Gaulle, visionnaire, que l'on n'imagine pas pour autant la tête perdue dans les nuages, est l'auteur d'une phrase que ses héritiers ont depuis longtemps oubliée : « Toute politique qui ne donne pas à rêver est condamnée. »

Aujourd'hui, le rêve s'est évanoui et, avec lui, sa sœur jumelle : la poésie. L'époque, grise et triste, est au réalisme, au concret. Et tant pis si le matérialisme a échoué, si partout dans le monde des millions d'hommes et de femmes attendent et espèrent d'autres rêves. La tendance est à la prose plate, froide, sans vie.

Il est conseillé de ne pas trop caresser l'espoir. Il faut « parler vrai », expression idiote qui mime la sincérité sans en avoir l'accent, et « parler sérieux » avec des mines graves et des mots ennuyeux qui énumèrent les problèmes. En période de crise, la décence obligerait à compatir, à garder lourdement les pieds sur terre. Alors, on ne bouge plus, par paralysie physique et intellectuelle ; on n'innove plus, par peur ; on n'anticipe plus, par prudence ; on ne rêve plus, par fausse pudeur. Et la politique, doucement, en meurt. Le constat n'est pas anodin. Les conséquences en sont lourdes. Le rêve est un « créneau » qu'il y a danger à ne pas occuper. D'autres, déjà, s'y installent avec des arrière-pensées petitement électoralistes pour certains ; chargées de noirs – ou de bruns – desseins pour d'autres, les nationalistes, les intégristes et bonimenteurs de tous poils.

Le rêve en politique est considéré aujourd'hui comme une sorte d'opium malsain. Sa négation se veut la réponse du pragmatisme à l'idéologie, du sens au contresens, du réalisme de 95 aux utopies de 68. Mais cette approche « raisonnable » réduit la politique à un rôle de médiocre gestionnaire, de comptable sans envergure qui surveille ses stocks, aligne ses données chiffrées et prépare ses budgets. Tout cela est certes important. En période de crise économique durable, la priorité est à l'économie. Mais priorité ne signifie pas exclusive. Prenons un exemple, celui d'un couple. Quand les temps sont difficiles, il est essentiel de bien veiller aux dépenses et de tenir serrés les cordons de la bourse du ménage. L'harmonie familiale, parfois, en dépend. Est-ce pour autant suffisant ? Ne faut-il pas, en simultané, parler d'autre chose, envisager des projets d'avenir, vivre et s'aimer ? Fait-on l'amour au milieu des factures et des relevés de Carte Bleue ?... Sans rapprocher la famille de la politique – mauvais souvenir –, l'exemple peut être médité. Voter est une adhésion, un échange de confiance, une réponse positive à une séduction, donc une forme particulière d'acte d'amour.

Par besoin de protection, une partie de l'opinion publique est sensible aux hommes et aux femmes rassurants, à ceux qui, parmi la classe politique, semblent les plus aptes à, sinon surmonter la crise, du moins à l'accompagner. L'opinion leur trouve quelques charmes. La capacité intellectuelle et technique qui leur est prêtée, parfois à juste titre, est alors un excellent label. Mais l'adhésion durable à une politique ne peut se faire sur cette seule base. Si le temps n'est plus aujourd'hui aux promesses creuses et légères, il n'est pas pour autant, et heureusement, celui des comptables. Epouse-t-on son comptable ? Si cela peut arriver, il est difficile d'en faire une règle.

La crise et les grands dangers du monde appellent des réponses. Elles sont à construire, à inventer, à débattre. C'est là l'enjeu de ces années-vertige qui suivent la chute du mur de Berlin, qui coïncident avec la guerre en Yougoslavie, avec l'installation en Occident de la récession économique, avec l'acceptation, troublante, d'une baisse des trains de vie. C'est là, dans la prise en charge de toutes les nouvelles donnes, l'extraordinaire défi de la politique. Si elle ne se place pas à la bonne hauteur, si elle ressasse les chiffres et les bilans de ce qui a été fait plutôt qu'anticiper tout ce qui reste à faire, elle passera, aveugle, à côté d'une occasion : renouer avec les idées et la passion.

La mode n'est plus aux idéologies. Mais la mode, par définition, est futile. Elle change, jette ce qu'elle a adoré puis se rhabille de ce qu'elle a jeté, en modifiant, en arrangeant, en taillant de nouvelles coupes dans de vieux habits. La réflexion est compliquée, elle devra se nourrir d'anciens principes et en fabriquer d'autres, emprunter à gauche et picorer à droite. « Ce doit être une théorie aussi sophistiquée que le marxisme était sommaire, aussi attachée au spirituel qu'au matériel, aussi ouverte que le communisme était totalitaire, aussi englobante que lui, mais cette fois-ci à bon escient et au nom des valeurs morales qui nous gouvernent », écrit Alain Minc [1]. Vertigineux! Impossible!

------

1. *Le Nouveau Moyen Age*, Gallimard, 1994.

Peut-être, sans doute. Seule certitude, cette théorie – ou ces théories – ne s'enfermera pas dans un livre, il n'y aura plus de nouveaux Marx ou de Engels, ni de penseurs qui ânonneront des préceptes intangibles. C'est la fin annoncée des certitudes idéologiques et des systèmes livrés clés en main. Tout doit s'adapter au monde, précéder ses changements pour mieux les contrôler, deviner les recettes qui seront les meilleures sans les imposer de façon doctrinaire.

Pragmatisme alors, mais ce mot froid n'exclut pas le rêve. Il est la jurisprudence, l'acquis, l'expérience. Reste à y accoler la sensibilité de la prescience, celle qui permet de sentir les choses, de les voir se former, d'anticiper donc. Jadis, il n'y a pas si longtemps, cette anticipation se traduisait par un terme générique et désuet : *grand dessein.* « Avoir un grand dessein pour la France. » Quel est-il ? Quel est ce grand souffle qui doit tout décoiffer pour ensuite mieux coiffer ?

Depuis des années, c'est le calme plat. Pas la moindre brise. D'où l'ennui qui gagne. D'où l'endormissement qui engourdit. La droite gère la crise et la morosité. La gauche, ex-agitatrice d'idées, lèche ses blessures. Les acteurs du jeu politique paraissent frappés d'immobilisme, figés dans leurs tics et leur caricature, atteints d'une apathie chronique. Et ce constat – constat d'échec – arrange tous ceux qui font commerce de l'impuissance des politiques et raillent leur faiblesse.

Il y a danger à refuser le rêve, à craindre l'espérance, à fuir l'imagination et, donc, la pensée. « Une démocratie qui ne croit plus est une démocratie perdue », écrit Bernard-Henri Lévy dans *La Pureté dangereuse*[1]. « Une démocratie qui ne pense plus ou qui, pire, hait la pensée, est une démocratie qui se condamne. » Et l'auteur poursuit : « Des révoltes qui ne seraient plus portées par l'espérance en un monde meilleur prendraient des formes terribles. » Oui, il y a danger à ne pas écouter les appels au secours du Dragon qui s'éveille.

*

---

1. Grasset, 1994.

Messieurs les hommes politiques, et vous mesdames, moins nombreuses hélas mais plus audacieuses, ce livre vous est dédié. Réveillez-vous, en nous faisant rêver. Réveil et rêve, me direz-vous, sont mots contradictoires. Pas davantage qu'homme d'action et poète. Il y a rêve et rêve, tout dépend de la présentation et de la sincérité de ceux qui les exposent. Il peut être mensonge coupable ou ambition collective. L'opinion n'est pas dépourvue de tout discernement, elle est capable de faire la part du rêve. Cette part est primordiale. Elle est la politique. Laissez à vos conseillers et à vos employés énarques le soin de nous lire les bilans et projections comptables, ces chiffres sont importants mais pas suffisants. Parlez de ce que vous croyez, de la façon dont vous voyez les choses, de ce qu'il faudrait faire, du comment, du pourquoi. Fâchez-vous, passionnez-vous, criez si cela vous défoule mais surtout prenez quelques risques en forçant vos talents pour l'imagination. Car la grande politique implique cette exigence. Elle se veut écrivain de l'histoire. Or, comment écrire si l'élan fait défaut. Nul ne vous demande de jouer les devins, ou les gourous surtout pas, mais d'exprimer d'abord et de faire partager ensuite vos grandes ambitions, vos rêves de monde meilleur, de société plus juste, vos visions de la France, comment la voyez-vous ? Dites-le, et rêvons-la ensemble, quitte à déchanter. Le désenchantement serait votre sanction. Alors, il y a risque. Mais le refuser est une médiocrité, une forme de lâcheté. Il ne suffit pas d'afficher vos méthodes, de citer, en référence, vos bons états de service et de partager, par compassion, les peurs de vos concitoyens. Rêvez, rêvons, comme cet homme d'Eglise, qui n'était d'aucune chapelle, Mgr Dom Helder Camara : « Quand nous rêvons tous ensemble, ce n'est plus un rêve mais le commencement d'une réalité. »

Le monde a brisé le plus grand des rêves. C'était le communisme. Son échec et ses séquelles ouvrent ce livre qui se refermera sur les mots d'Elie Wiesel [1] et le discours de Martin Luther King : « J'ai fait un rêve » [2]. D'un côté, le rêve-mensonge marxiste, de l'autre les rêves-espoir humanistes. Le premier doit-il interdire les seconds, ceux de

____

1. *Cf. infra* Epilogue : « Le rêve et la mémoire ».
2. *Cf. infra* Annexe.

Wiesel et de King? Votre erreur, messieurs les politiques, est hélas de le croire, du moins de laisser penser, par vos silences, que vous êtes tentés de le croire, désespérant ainsi non plus Billancourt, mais les habitants du Dragon qui, à votre place, faisant votre travail, réveillent toute la Ville.

L'histoire commence par la fin

Chapitre Premier

LES YEUX DE GORBATCHEV

Le fauteuil est en skaï. Marron, sans style, sans époque, triste comme tout ce mobilier qui encombre, à Moscou, les bureaux des administrations. J'ai souvent remarqué que les meubles d'intérieur révélaient l'intérieur des gens ou des régimes politiques. Ils sont les premiers signes extérieurs de leur nature profonde. Ceux des démocraties sont confortables, qu'ils soient empruntés au mobilier de l'histoire, avec leurs ors et leurs riches velours, ou de facture moderne, avec leurs couleurs gaies et leur cuir lisse. Ceux des pays autoritaires sont froids, hors mode, glacés comme ce fauteuil de skaï marron, vestige du communisme.

Le communisme est mort. Il reste le fauteuil. Et il reste Gorbatchev, assis dans le fauteuil.

C'est d'abord l'image que j'ai de lui, le rencontrant pour la première fois en cette fin d'hiver 1993 [1], lui le grand homme, si petit et rétréci dans son fauteuil-symbole. Il se lève pour nous accueillir. Et il parle. Il parle. Pendant deux heures, il ne cessera de parler, d'expliquer, de s'expliquer. Un flot de paroles historiques puisqu'il est – a été – l'Histoire. Il veut convaincre qu'il a bien agi, qu'il a fait ce qu'il devait faire, qu'il a défait ce qu'il devait défaire, qu'il a été, surtout, le décideur et non un pantin bringuebalé par les événements. « Je », « j'ai »... sans cesse le « je » de l'acteur revient dans ses réponses, parfois le « il » prend la place du « je » quand il parle de lui à la troisième personne comme s'il était déjà le personnage du livre, identifié à ce livre d'histoire qu'il semble nous lire après l'avoir écrit.

« Gorbatchev n'a pas tué le communisme, il voulait le réformer, l'humaniser »,

---

1. Rencontre à Moscou avec Claude-Marie Vadrot, grand reporter au *Journal du dimanche*.

dit Gorbatchev. Et il se penche doucement vers moi, pose ses deux mains sur mes épaules et approche son front à quelques centimètres du mien : « Dites-le, écrivez-le. »

Alors son regard, ses yeux. La tristesse de son regard, et de ses yeux.

C'est l'autre image – la plus forte – que je garde. Celle de ces yeux. Qu'ont-ils vu ces yeux ?... La fin d'un rêve, le plus beau, le plus grand, le plus ambitieux, le plus arrogant, le plus formidable – au sens hugolien du mot – depuis Jésus-Christ. La fin d'un impossible mais « pensable » bonheur. La fin d'une religion. La fin d'une idéologie. La fin d'un cauchemar. La fin d'un monde.

Gorbatchev est la fin d'un monde. Et l'histoire aujourd'hui recommence par la fin.

Et ses yeux pourtant. Son regard si sincère, convaincu d'avoir vu venir les choses, d'avoir su les maîtriser, les contrôler, les changer. Oui, Gorbatchev a cru agir et bien agir. Oui, il a changé le communisme mais le changeant, l'a tué. Il n'a fait que l'accompagner au cimetière, que le mettre en bière après avoir tenté de le rendre plus présentable. Une sorte de toilette du mort.

Sa *Perestroïka*, sa *Glasnost* ont été saluées, par l'Occident, comme de belles et justes réformes. Mais elles étaient les fossoyeuses d'un système qui avait échoué, qui, par nature, ne pouvait être amendé.

Gorbatchev – c'est là son honneur, c'est là le respect qui toujours devra lui être dû – a cherché à mettre un peu de libertés dans la mixture communiste. Il en a modifié la recette et, ce faisant, l'a dénaturée. Quel homme, quel peuple, privé de libertés pendant trois longs quarts de siècle, peut accepter de goûter quelques miettes de liberté sans exiger davantage ? La liberté ne se concède pas chichement, elle se donne tout entière et se laisse prendre.

Communisme et liberté. Deux mots antinomiques. On le savait. Le monde libre, surtout, le savait. Mais n'était-ce pas pratique de feindre l'inverse ? N'était-ce pas satisfaisant pour l'esprit – un bel esprit – d'imaginer que le communisme, cet absolutisme, pouvait être éclairé ?

Gorbatchev était notre bonne conscience, la bonne conscience de toute une génération d'intellectuels – dont la mienne – qui, avec quelques motifs, ont du mal à rêver le capitalisme, à lui trouver des charmes, des raisons d'espérer, de laisser espérer les plus pauvres, les gueules cassées de la crise économique, les paysans en jachère, les noirs damnés de l'Afrique, les enfants perdus des *favelas* de Rio ou des *slums* de Manille. Et si Gorbatchev, à sa manière, apportait des réponses ? Et si entre le communisme buté de Brejnev et le capitalisme méprisant de Reagan, il y avait un entre-deux acceptable, un idéal, une idéologie humaine, humanisée, humaniste ?

Le rêve du communisme est mort depuis longtemps. Le communisme ne faisait plus rêver. Mais Gorbatchev, peut-être, allait le rendre de nouveau « rêvable ».

D'où ces yeux tristes. Ces yeux qui en disent long sur un échec que l'homme, Gorbatchev, n'ose reconnaître tant il est sonné par l'ampleur historique de la catastrophe, par le naufrage de son pays et de son propre destin, l'un et l'autre mêlés.

C'est là le message qui se devine derrière ce regard. Un message inavoué, inavouable, trop lourd à répandre : l'espoir d'un monde au juste milieu du communisme et du capitalisme, enseveli sous les décombres de la *Perestroïka*. Le regard de l'échec.

Le communisme reviendra, et il revient déjà, mais sous d'autres masques qui emprunteront les traits de Staline, déjà ceux de Milosevic. Il s'habillera de sa seule cotte de mailles totalitaire, nationaliste et xénophobe, comme en Bosnie. Il s'acoquinera avec les intégrismes et les fondamentalismes. Il se confondra avec les fascismes locaux [1]. Il tuera et il tue encore.

Le communisme désormais se présente sans fards, sans ces fioritures qui parvenaient à le rendre séduisant. Il ressuscite à l'état brut, sans Marx ni Engels, sans sa cohorte d'intellectuels, d'historiens, de scientifiques qui l'ont revêtu d'intelligence et de justice avant de constater, enfin, qu'il était nu.

N'est-ce pas mieux ainsi ? N'est-ce pas préférable de le voir, de le percevoir pour ce qu'il est : un faux rêve clairement identifié à un cauchemar ? Et l'échec de Gorbatchev n'est-il pas la preuve définitive que le système ne peut être réformé, qu'il est

---

1. *Cf.* Jacques Julliard, *Ce fascisme qui vient...*, Le Seuil, 1994.

condamné à être le goulag, à être un autoritarisme, qu'il ne survit qu'à cette condition-là ?

Oui, en effet. Gorbatchev est bien la preuve vivante – installée dans son fauteuil-vestige – que le communisme ne convolera jamais avec la liberté.

Et nous en sommes là, à cette quasi-certitude que les idéologies sont invariablement totalitaires, et conduisent à une impasse qu'aucun Gorbatchev ne pourra jamais prolonger et dévier. « Evidence », entend-on. « Evidence », nous dit-on avec l'assurance satisfaite de ceux qui, depuis toujours, savaient. « Evidence » ? Bien sûr. Mais cette évidence qui conforte les plus riches, les mieux nés, les plus forts, n'en était pas une pour les autres, les plus nombreux, les victimes déjà à terre ou vacillantes. Elles ne rêvaient plus au communisme, elles ne croyaient plus en ses mensonges, mais elles attendaient autre chose, elles espéraient autre chose de mal imaginé, mais d'imaginable. Un communisme amendé, c'est-à-dire un socialisme débarrassé des oripeaux totalitaires, aurait pu répondre à cette attente. Et ce fut l'échec retentissant de cette dernière chance.

Et nous en sommes là, au bord d'un vide idéologique où s'engouffrent des vents mauvais, des vieux démons déguisés, des fanatiques barbus, des populistes braillards. A leur manière – sans autres manières que celles de la force ou de la démagogie –, ils viennent récupérer les éclats de rêve tombés à terre, les morceaux du Mur qu'ils ramassent pour construire d'autres murs. Ils n'ont pas d'alliés chez les théoriciens, chez ceux qui pensent le monde ou tentent de le repenser, chez ceux qui cherchent à remailler, en partant des Droits de l'homme, un écheveau de principes universels et mobilisateurs. Ils sont seuls *avec* le peuple, en prise directe, jouant avec ses peurs, utilisant ses craintes, ses désarrois, sa misère parfois pour l'embrigader et la diriger comme une arme là contre les étrangers, là contre les libertés, là contre tous les hommes politiques jetés dans le cul-de-basse-fosse de l'antiparlementarisme.

Ces ombres qui reviennent sont les équarrisseurs de la politique, les croque-morts qui dépècent les cadavres des idéologies.

Et nous en sommes là, désorientés, surpris de voir que notre identité, nos façons d'agir et de s'indigner se définissaient en fonction d'une idéologie rivale et menaçante. C'est elle qui, étrangement, justifiait notre cause, et ennoblissait nos systèmes. C'est elle – la rivale – qui aiguillonnait les démocraties, les obligeant à être vigilantes, à mobiliser des militants, épris des Droits de l'homme. C'est elle qui, une fois vaincue, nous laisse sans repère, sans faire-valoir, sans repoussoir.

Et nous en sommes là, avec sur les bras tous les rêves déçus. Pendant des décennies, nous avons combattu – nous, les démocraties libérales – la barbarie du goulag et trouvé, dans cette lutte juste, une folle énergie et discerné une grande espérance. Mais de quel message cette guerre était-elle la mère porteuse ? Quelle vision meilleure du monde avons-nous dessinée, projetée et présentée à ces peuples libérés ? Quel rêve de rechange ?

Et nous en sommes là, au stade dépassé de la victoire grisante, nous les anciens combattants d'une guerre gagnée, les grognards de la paix qui ignorons comment gérer la victoire, l'accompagner, l'habiller, la nourrir, la faire vivre longtemps. Anciens combattants aux mains vides, riches d'argent et de devises mais pingres de générosité, bavards de mots et de grands discours mais pingres d'idées. Muets, nous sommes devenus muets, une armée de muets, incapable de parler et de répondre aux questions des vaincus. Incapable d'écouter ce que les anciens opprimés, que nous avons aimés du temps où ils étaient enchaînés, ont à nous dire. Nous sommes devenus sourds et muets, écrasés par l'ampleur et les conséquences de notre écrasante victoire.

Voilà où nous en sommes. Voilà ce que nous avons à dire à Gorbatchev qui continue de parler dans son fauteuil en skaï et nous interroge désespérément du regard : rien.

Chapitre 2

LES PETITS-ENFANTS
D'ÉTIENNE LANTIER

La photo n'est pas très nette, mais les centaines de petites taches blanches laissent deviner des visages d'hommes et de femmes, surtout d'hommes, en colère. Les petites taches sont massées, comme coincées entre deux rangées de maisons basses qui forment une ruelle laquelle est fermée par une barrière de bois. De l'autre côté de la barrière, une dizaine d'hommes, fusil en bandoulière, leur font face; ils semblent attendre l'instant où les taches blanches appuieront si fort sur la barrière qu'elle cédera sous la pression, les libérant, les jetant vers eux telle une vague. Les soldats en armes, alors, tireront en l'air puis les canons des fusils descendront vers la foule.

Cette photo a été prise quelques années après le second Empire. Elle illustre, avec sa couleur sépia, la couverture d'une vieille édition, en livre de poche, de *Germinal*.

Le roman de Zola n'a jamais quitté les programmes scolaires. Il est, comme beaucoup de ces livres classiques, enseigné donc rangé dans le patrimoine culturel de l'Humanité. Tout le monde connaît, a « appris » *Germinal* mais personne ne relit *Germinal*, ce qui est dommage tant l'écriture est riche d'impressions, de tous ces détails qui décrivent, créent les ambiances et informent.

Il fallut attendre un film[1] pour, à défaut de relire, « voir » *Germinal*, pour que la communauté des anciens lecteurs du livre « revoie » ensemble les images et réagisse ensemble. L'œuvre classique se plaque alors brutalement sur la réalité du monde moderne, sur la vie et les problèmes d'aujourd'hui.

Dans le cas de *Germinal* – le film –, le choix de Renaud dans le rôle de Lantier

---

1. *Germinal*, de Claude Berri.

contribue à réduire la distance temporelle. Renaud n'est pas un acteur professionnel, on ne regarde pas sa technique, son jeu, mais lui-même, l'homme jouant son propre personnage engagé et révolté contre les injustices, celles d'hier, celles d'aujourd'hui. La superposition des deux fins de siècle est alors étonnante. Les dernières années du XIXe siècle étaient des années de lutte, de colère et de rêves à conquérir. Celles qui finissent notre siècle sont des années d'étranges soumissions, d'anciennes victoires digérées et d'aspirations diffuses.

A l'époque d'Etienne Lantier, la vie était cruelle ; la mort accompagnait le mineur dans sa fosse, et les rapports de forces entre les travailleurs et le patron, entre celui qui était clairement l'opprimé et l'autre, clairement l'oppresseur, entre le faible et le fort, ces rapports étaient à l'image de ce quotidien d'alors fait de contrastes insupportables et de violences contenues prêtes à s'enflammer et à détruire ce mauvais ordre du monde, à réduire et à bouleverser cet agencement immuable, ou prétendu tel, des classes, à tout révolutionner.

La vie était cruelle mais la nôtre, celle des chômeurs, des SDF, des jeunes promis à l'Agence pour l'emploi, des ouvriers de ces usines menacées de fermeture, des chefs d'entreprise écrasés de dettes, des salariés soumis non pas par la contrainte mais par la crainte de perdre leur travail, des assurés sociaux qui découvrent que le système, dit de protection sociale, est tari, cette vie, à sa manière, si différente de la vie des Lantier, des Maheu, des Rasseneur, de tous les héros emblématiques de *Germinal*, cette vie-là, la nôtre, est également, violemment – violence sourde et lancinante – cruelle.

Je n'ai aucun goût pour le sentimentalisme historique et la nostalgie révolutionnaire même si, au fond de nous, quelque part entre le cœur et l'âme, l'un et l'une sont blottis, conservés là comme des reliques pieuses. Je ne cherche pas à comparer des situations et des contextes différents. Mais, revisitant *Germinal*, regardant Lantier-Renaud et ses combats, je revois cet esprit, cette dynamique d'espérance, cette victoire annoncée contre des injustices flagrantes et identifiables.

Maheu-Depardieu pouvait opposer sa poitrine nue aux fusils des hommes à cheval. Maheu-Depardieu pouvait tomber, foudroyé par la mitraille. D'autres hommes, d'autres Lantier, se lèveraient pour l'emporter plus tard. La lutte était barbare, mortelle, sanglante mais il y avait, au bout de cette lutte, la certitude, l'évidence que la société plierait et donnerait ce qu'elle se refusait à donner.

Cette barbarie d'hier n'appelle aucune nostalgie. *Germinal* est à revoir ou relire comme un enseignement qui, rapporté à la fin de notre siècle, éclaire les réalités sociales et démontre, par la force du contraste entre les deux époques, que la société d'aujourd'hui n'a, cette fois, plus rien à donner, qu'elle a tout concédé, les droits et l'argent, sans parvenir à tout satisfaire.

Des révolutionnaires – si, par hasard, il en restait – pourraient rétorquer, avec ce lyrisme hors d'âge, que la lutte finale n'a pas été livrée, qu'il faut donc détruire pour reconstruire une société nouvelle. Mais qui les croirait ou les suivrait encore ? Quel pays, quelle expérience brandir en exemple ? La conviction est faite que notre société est sinon la meilleure, du moins la moins mauvaise, qu'elle n'a pas d'alternative, que la faillite du communisme est là pour le prouver. Cette conviction n'a rien de négatif, au contraire. L'adhésion, par enthousiasme ou par défaut, à un système peut contribuer logiquement à renforcer les liens du contrat social. C'est, en théorie, ce qui devrait se passer. Et c'est, en pratique, ce qui ne se passe pas.

Les liens, au lieu de se consolider, se distendent et se relâchent, jusqu'à l'indifférence, ce stade inquiétant de la neutralité sociale.

Les petits-enfants et les arrière-petits-enfants d'Etienne Lantier subissent. Ils n'espèrent plus rien d'une société qui a accepté de négocier ce qui était négociable, qui a constitué, peu à peu, répondant aux demandes et calmant ainsi les luttes, un arsenal de lois et de règlements qui garantissent les droits des salariés et la libre expression des syndicats. Ils n'espèrent plus rien d'un système de protection sociale qui montre des signes inquiétants de fatigue et creuse sans cesse ses déficits. Ils comprennent, pour savoir compter, que les caisses désormais sont vides.

C'est une première, une troublante première : la fin d'une histoire sociale.

Celle-ci a débuté dans la lutte – *Germinal*

– puis s'est poursuivie dans le dialogue. Elle débouche aujourd'hui dans une impasse.

Après les victoires arrachées, après les victoires discutées, le temps est à un curieux armistice qui n'est pas forcément synonyme – au contraire – de paix sociale. Il n'y a plus de combattants, plus de citadelle à conquérir, plus de rançon à soutirer, plus de trésors, plus d'argent.

André Bergeron, vieux syndicaliste pétri de bon sens, parlait sans cesse, avec son accent flûté, de « grain à moudre », de l'impérieuse nécessité de donner aux syndicats du « grain à moudre ». C'était là l'intérêt de chacun des partenaires. De l'Etat qui témoignait ainsi de sa préoccupation sociale et veillait à la juste répartition des richesses. Des patrons qui associaient les salariés à la vie des entreprises et parvenaient à se débarrasser de leur réputation de profiteurs, réputation progressivement démentie. Des syndicats enfin, des syndicats surtout, qui tiraient leur puissance, leur légitimité et leur utilité de leur capacité à satisfaire les revendications du monde du travail. Ils négociaient, sachant qu'il y avait matière à négocier. Ils exigeaient davantage pour obtenir un peu moins. Ils allaient parfois au bord de la rupture, à la limite de ce qui était acceptable, mais les partenaires sociaux finissaient toujours par signer un accord qui, à défaut de contenter tout le monde, calmait les colères et renforçait le rôle indispensable des syndicats.

Le dialogue social, désormais, tourne court pour six raisons, dont la dernière est la conséquence des cinq autres.

Première raison : la montée du chômage a tué – provisoirement ? – l'esprit de contestation et limité la force mobilisatrice des salariés. La peur de perdre son emploi agit comme une sorte d'anesthésiant collectif qui renvoie les grandes luttes syndicales à l'histoire du monde du travail. On ne se bat plus pour décrocher des avantages ou des augmentations de salaires; on se bat, le plus souvent individuellement, pour conserver son emploi.

Deuxième raison : face à l'ampleur du chômage, la conviction est établie que le retour à une situation de plein-emploi est un rêve inaccessible, impossible, dangereux même à agiter puisque menteur et manipulateur. Dès lors, les préoccupations sociales se déplacent. Il ne s'agit plus d' « améliorer » les conditions des bénéficiaires d'un emploi mais de chercher des solutions pour intégrer les chômeurs, leur donner une place dans la société.

Troisième raison : elle concerne encore le chômage et son impressionnant coût social, donc financier. Les milliards de francs consacrés chaque année aux indemnisations des chômeurs ont vidé le « grenier social », menaçant ainsi les acquis et tout le système de protection sociale. L'argent disponible se fait plus rare. La mécanique redistributive, qui fonctionnait et s'améliorait depuis des décennies – depuis Lantier –, se grippe. L'essentiel est de préserver et non plus de conquérir, tout en sachant que la seule préservation de ce qui a été gagné et arraché parfois de haute lutte est, à terme, à court terme, impossible.

Quatrième raison : les séquelles de la crise économique sont durables. Malgré la reprise qui pointe, les belles années sociales sont derrière nous. Tout est trop fragile pour que les entreprises acceptent, par exemple, une diminution du temps de travail des salariés sans diminution consécutive des salaires. Les « mentalités » d'effort et de compréhension –

de réalisme social – forgées par les années de crise sont en passe de devenir définitives. Ce réalisme social est accepté comme une nouvelle norme à laquelle il serait économiquement périlleux de déroger.

Cinquième raison : la modernisation de l'outil de travail, si tardive en France, et parce qu'elle fut tardive, ne s'arrêtera pas ; au contraire, elle s'accélérera et continuera à rattraper les années perdues. La compétition internationale, la concurrence d'ex-pays du tiers monde accédant à davantage de richesse et produisant à bas prix motivent et justifient cette modernisation. Le système est condamné à fonctionner en suivant ce syllogisme inévitable et redoutable : les entreprises se modernisent pour améliorer leur production, donc pour survivre et se développer, donc pour maintenir des emplois tout en réduisant fatalement le nombre de ces emplois.

Sixième raison : les syndicats, tout doucement, meurent des conséquences de ces cinq raisons. Non seulement ils n'ont plus de grands combats à livrer, mais au même moment, et parce qu'ils n'ont plus ces grands combats et parce que la société n'a plus – ou peu – à donner, et parce que les entreprises sont fragiles, et parce que tout le monde – salariés, patrons, Etats – est convaincu de cela, les syndicats voient réduire le nombre de leurs adhérents. A quoi bon se syndiquer puisque le syndicat ne peut rien faire, puisqu'il n'y a plus de « grain à moudre » ?

Le dialogue social bégaie. Il feint d'exister encore, il se donne l'apparence d'être pour rassurer et donner l'illusion. Mais personne n'est dupe.

Les répercussions dangereuses de cette lente marginalisation des syndicats de travailleurs n'ont pas encore été mesurées. Certains s'en réjouissent, croyant voir là un succès du réalisme sur l'utopie, de l'esprit d'entreprise sur le lyrisme social, du libéralisme sur le socialisme; mais il n'y a nul triomphe, il y a d'abord et uniquement une défaite, la défaite d'un système qui, dans un premier temps, frappe les syndicats et, plus tard, menace tout l'édifice.

Les conflits sociaux de la fin des années 80 ont vu poindre une nouvelle génération spontanée de représentation sociale : les fameuses coordinations qui sont, à l'exception de la Coordination rurale, fugaces.

Elles ne font que récupérer, sans jamais les gérer, les colères et les revendications, et laissent le combat social glisser vers l'anarchie sociale.

C'était pourtant cette forme de lutte, désorganisée, que pratiquait Lantier. Mais l'époque était autre, elle était prometteuse, elle était raisonnablement rêveuse, elle était le point de départ, la genèse d'une lutte qui allait se structurer, vivre de ses conquêtes et s'officialiser. Aujourd'hui, l'histoire rebrousse chemin : elle brise ce qui a été patiemment construit.

C'est la fin des années syndicales, le début d'autre chose, d'indéfini, d'indéfinissable.

Tout l'édifice reposait sur la notion moderne de progrès social. Il stagne. Plus grave, il menace de reculer, donc de se contredire sémantiquement et effectue déjà sa périlleuse marche arrière sur les retraites, les remboursements médicaux, les indemnités de chômeurs en trop longue durée, écrasant, dans sa reculade, les syndicats, l'indispensable dialogue social et l'espérance d'une société plus équitable.

Ainsi, un siècle après *Germinal*, les descendants d'Etienne Lantier ne rêvent plus. Ils vivent les années terminales de la longue histoire sociale.

Chapitre 3

LES POSTERS DE JFK ET DU CHE

Elle est plutôt jolie. Elle n'a pas la beauté sauvage de la pasionaria romantique ni la sensualité révolutionnaire de la Chinoise de Godard ou de la brigadiste italienne. Elle n'a pas la froideur inquiétante des amazones tueuses de la bande Baader-Meinhof. Elle est simplement jolie, ordinairement jolie, avec ses lèvres fines, ses traits délicats, son visage lisse et blanc juste marqué en haut de la joue gauche d'une ecchymose rouge cernée de bleu, un coup reçu, un coup de crosse ou de poing, la cicatrice du quadruple crime qu'elle a commis avec son ami, Audry Maupin, mort au champ... au champ de quoi ?

Florence Rey a dix-neuf ans. Audry Maupin avait vingt-deux ans. Dans la nuit du 4 au 5 octobre 1994, elle et lui, à Vincennes, ont tué trois policiers et un chauffeur de taxi. Quatre morts, plus un, Maupin. Cinq morts pour rien. Une tuerie sans cause, sans raison, sans passion, sans autre folie que la leur, indicible et individuelle.

Dans les années 60, 70 et 80, les trois décennies de la glissade terroriste – du romantisme révolutionnaire à la lutte armée –, la contestation obéissait à un mobile : briser la société de consommation. Les tueurs ont rendu les armes.

Faut-il, pour autant, parler de victoire ?

Si l'époque n'est plus à ces groupements clandestins. Si d'autres combats, d'une autre nature, plus organisés, si d'autres combats plus collectifs, davantage territoriaux, ont pris, ailleurs, en Algérie ou en Iran, par exemple, la relève dans la guerre faite au capitalisme et aux valeurs marchandes de l'Occident. Si le communisme et les pays qui s'en réclament sont, aujourd'hui, vaincus. Si les dictatures et les dictateurs – le Libyen, le Syrien et le Cubain – ont, par voie de conséquence, d'autres préoccupations que celle de servir de base au terrorisme. Si la paix, fût-elle fragile, au Proche-Orient, a ôté au combat l'une de ses causes essentielles, sinon sa cause la plus emblématique. Si l'Afrique du Sud et l'Irlande du Nord empruntent ce même chemin. Si les Basques, enfin, calment leur colère, long reliquat des années Franco. Si, pour toutes ces raisons, le romantisme révolutionnaire et sa dégénérescence terrifiante, le terrorisme, sont passés de mode, et s'il s'agit là, dans ce constat, d'une indéniable bonne nouvelle, rien, non rien n'est gagné. Il y a arrêt de la terreur faute de combattants, faute de cause idéologiquement identifiée, faute d'ennemi caricatural et clairement repoussant. Il y a cessez-le-feu – tant mieux – mais il n'y a pas victoire.

Car la violence s'accroît et échappe.

Les groupes qui, autrefois, y recouraient étaient étiquetés révolutionnaires et terroristes. Ils se cachaient, vivaient dans la clandestinité mais leurs actes étaient signés, suivis de revendications, obéissant à la logique criminelle et lâche d'une guerre à la société. Quelle guerre a déclaré Florence Rey ? Quel tract voulait-elle laisser sur les lieux de son crime ? Quel idéal, quel rêve fou défend-elle ?... Sa violence est sans mobile apparent.

Pour une société, cette absence de mobile est le pire. Comment se défendre et combattre dans une guerre sans mobile ? Qui est l'ennemi ? Pourquoi ? Pour dire et signifier quoi ? Quel est son visage ? Regardez l'image de Florence Rey, son visage de Française, jolie et ordinaire, le visage de milliers d'autres Françaises et Français. Regardez à la sortie des facs ces jeunes gens ordinaires, à la sortie des lycées, devant les agences pour l'emploi. Regardez les visages dans les banlieues défavorisées, ces mouroirs de l'espoir. Regardez partout sur les trottoirs, aux terrasses des cafés, dans les rues. Regardez-les rire, s'amuser, parler, s'ennuyer. Regardez-les donc vivre. Et regardez-vous dans vos mémoires personnelles, regardons-nous vivre, à leur âge, avec nos problèmes et nos espérances, nos difficultés de jeunes et nos combats pour les surmonter, pour les dépasser au-delà du possible, surtout au-delà du possible. Il y avait alors une quête de quelque chose, une quête d'un mieux-vivre, une victoire annoncée contre une société trop vieille, trop grise, trop ankylosée. On rêvait à un monde meilleur. Le rêve était parfois idéologique, parfois romantique, un rêve d'eau-forte ou d'eau de rose, mais un rêve moteur de vie et d'énergie.

Je n'idéalise pas ces années 70 qui furent, pour moi, celles de mes vingt ans et quelques. Les souvenirs des « jours anciens » ne troublent pas les images, au contraire, ils accentuent cette nécessité de condamner les extrémistes – ces fous furieux – qui ont pris les armes, sombré dans le terrorisme en Italie, en Allemagne, en France, et tué les rêves. Mais ce monde, malgré ces assassins, était le nôtre. Nous allions le refaire quitte à le défaire. Nous allions prendre le pouvoir, et nous l'avons pris. Nous avons fait l'amour sans craindre une maladie dont le nom n'existait pas encore, nous avons eu des emplois, nous avons eu la parole, nous avons influencé, nous avons décidé, nous avons – formule facile mais c'est la seule vraie – pris en main notre avenir, parce qu'il y avait alors, pour nous, un avenir.

No future. Plus de futur. La génération d'aujourd'hui s'est accrochée, autour du cou, un label. *No future*, pour Florence Rey, la criminelle. *No future*, pour les autres, celles et ceux, ordinaires, qui lui ressemblent. *No future*, pour les banlieues, pour les exclus du travail qui, à l'ANPE, dans la case premier emploi, inscrivent : néant. *No future*, pour la génération entravée des années sida et des années chômage.

Au lendemain de la fusillade de Vincennes, la France adulte s'est rassurée. Il s'agissait là d'acte de marginaux, de paumés, de drogués. Rien à voir donc avec un retour du terrorisme, avec une résurrection spontanée d'Action directe ou autres. Rien à voir, non rien à voir. Mais à force de ne rien voir, nous sommes devenus aveugles. Aveugles de ce qui se passe autour de nous, de cette colère incontrôlée et incontrôlable.

L'acte fou de Florence Rey n'annonce rien. Rien à voir. C'est ce mot « rien » qu'il faut retenir. *Rien* comme *no future*. Et le *rien* peut tout entraîner et le *rien* est le vide dans lequel risquent de s'engouffrer les révoltes les plus brutales et les plus désespérées.

Sans doute y a-t-il excès à retenir la fusillade de Vincennes comme une date qui serait essentielle ou comme un signe révélateur. Cette fusillade n'est pas l'annonce du début d'une je-ne-sais-quelle rébellion.

C'est juste un fait – dramatique donc spectaculaire – qui s'ajoute à d'autres faits, des faits divers qui nourrissent les colonnes des journaux. Car cette guerre-là, civile, ne livre pas de grandes batailles, elle n'a ni chef, ni emblème, ni slogan, ni date. Elle est larvée, sans hauts faits d'armes. Florence Rey et Audry Maupin sont des exceptions qui ne confirment aucune règle. Ils sont exceptionnels parce qu'ils sont entrés en révolte armée, ce que ne font pas les autres, ce que ne font pas les banlieues. Mais on pourrait dire : ce que ne font pas *encore* les autres; ce que ne font pas *encore* les banlieues. Souvenez-vous des émeutes de Los Angeles.

Cette année-là, en 1992, l'Amérique et le monde ont cru que la guerre urbaine était déclarée. Une lutte soudaine, provoquée par les images d'une chaîne de télévision montrant le tabassage d'un Noir, Rodney King, par des policiers. La guerre avait un déclic, un fait originel, mais pas de mobile sinon celui du mal de vivre des banlieues, des écarts de vie entre les défavorisés et les autres, moins les très riches des beaux quartiers que ceux qui composent la classe moyenne et voisinent avec les ghettos.

C'est la leçon de Los Angeles : la révolte des pauvres contre la *middle class*. On ne se bat plus contre le capital, contre les nantis, contre les riches, contre « l'exploiteur du peuple ». On se bat contre les moyens riches, parfois contre l'ancien pauvre, contre – à Los Angeles – l'immigré asiatique qui a ouvert boutique, contre – en France, dans les banlieues – l'épicier, le buraliste – s'il en reste – ou le gérant de la grande surface. La guérilla se joue sur place, là où le mal est visible, là où les différences entre le petit et le moyen sont insupportables. La guérilla ne s'en prend pas aux authentiques apparats de la richesse – ils sont hors de portée – mais aux habitants des quartiers, aux équipements commerciaux, sociaux ou culturels – si peu nombreux – qui cherchent à humaniser et à animer. Cette autodestruction est la preuve d'un désespoir poussé à l'extrême, jusqu'au refus de toute tentative d'humanisation et d'animation.

Sur la côte Pacifique, la guerre urbaine et mondiale n'a pas éclaté. Mais rien n'est réglé. Ni à Los Angeles. Ni à Mantes-la-Jolie. Anges ? Jolie ? L'enfer des villes s'affuble de noms étranges.

Dans les années 70, les révolutionnaires s'en prenaient à Fauchon, place de la Madeleine à Paris; au milieu des années 90, les casseurs mettent à sac les centres Leclerc des banlieues. Nouvelle époque, autre style, autre cible, autre violence vide de symbole idéologique.

La semaine où Florence Rey et Audry Maupin déclenchaient leur fusillade, les écrans de la ville projetaient deux films : *Léon*, de Luc Besson, et *Tueurs nés*, d'Oliver Stone. Deux bons films. Deux films violents même si le premier affichait une violence esthétique et poétique. Justement, poétique. La poésie de la violence. L'espoir et la passion ravivés par une violence remarquablement filmée. Violence gratuite et belle à voir. Coïncidence? Oui, coïncidence. Besson et Stone n'ont pas armé Rey et Maupin. Mais Besson et Stone, comme Tarantino et *Pulp Fiction*, ont rendu l'époque. Ils la restituent parfaitement. Ils ne sont pas des précurseurs – Kubrick l'était avec *Orange mécanique* dont la reprogrammation, vingt ans après, a connu, et ce n'est pas un hasard, un formidable succès auprès des jeunes. Non, Besson, Stone et Tarantino ne sont pas des précurseurs mais des contemporains qui calquent, sur leur pellicule, le nihilisme ravageur de ces jours-là, de ces années-là, celles que nous vivons. Ils filment la violence sans but, sans mobile, la violence pour tuer, pour assassiner et casser froidement, cyniquement, avec un sourire au coin des lèvres. *No future.*

Et pendant ce temps-là, Balladur.

Le Premier ministre de l'automne 1994 a eu la bonne idée de demander à la jeunesse de répondre, par écrit, à quelques questions. C'est bien. C'est gentil. Mais dérisoire. Sans doute fallait-il le faire. Pourquoi non ? Pourquoi pas ? Mais ce questionnaire ne résout rien et ne résoudra rien.

Edouard Balladur est étranger à cet échec prévisible. Son initiative n'est pas en soi contestable mais elle revient à demander à un malade frappé d'un mal terrible ce qu'il aimerait avoir : voulez-vous que nous repeignions votre chambre ? De quelle couleur ? Souhaitez-vous entendre de la musique classique dans les hôpitaux ? Ou du rock ? Que désirez-vous pour le menu ?... Réponse du malade : trouvez le vaccin et guérissez-moi. Réponse des jeunes : trouvez-nous du travail et nous serons guéris.

Les critiques portées là au gouvernement de la France s'appliquent à tous les dirigeants et à tous les pays. Elles ne sont que l'exposé d'un procès-verbal. Aucun chef d'Etat, aucun Premier ministre aujourd'hui dans le monde n'est en mesure de nouer un dialogue avec les jeunes, de répondre à ce qu'ils attendent, de deviner ce qu'ils espèrent, d'être pour eux un exemple, une référence, un « héros » porteur d'une grande parole ou d'un idéal.

Si les idéologies rêveuses sont mortes, les hommes emblématiques ont également disparu. Il faut se méfier des héros, de ces leaders dont la traduction en allemand, en italien ou en espagnol est de sinistre, et brune, mémoire. Mais l'histoire récente a eu aussi ses héros, sinon individuellement positifs, du moins symboles d'une image positive.

Dans les années 60 ou 70, un jeune épinglait dans sa chambre les posters de Che Guevara, de Gandhi, de Martin Luther King ou de Kennedy. Parfois les quatre, côte à côte, ce qui occasionnait un extravagant carambolage idéologique. Ces quatre hommes, pour ne pas en citer d'autres – on pouvait, dans certaines chambres plus engagées, voir Mao ou Castro –, représentaient un message, une manière d'incarner une certaine idée, plutôt noble et généreuse, de la politique, de la lutte pour une meilleure justice, pour l'égalité des races. Qui, aujourd'hui, quel adolescent de seize-dix-huit ans a, au-dessus de son lit, les posters d'un révolutionnaire rêveur, d'un grand penseur, d'un éclaireur d'idées ou d'un Président charismatique ? Et, pour poser la question à l'envers et ainsi répondre : quel bel idéal, quelle grande cause, quel combat mobilisateur, quel rêve symboliseraient les images de ce révolutionnaire, de ce penseur, de cet éclaireur, de ce Président ?

S'il n'en reste qu'un parmi les belles figures d'hommes d'Etat ou de porte-drapeaux aujourd'hui disparus, c'est, sans doute, Mandela. Mais c'est le Mandela d'hier, le grand homme opprimé par l'apartheid et le pouvoir blanc qui s'affiche dans les mémoires. Qui, aujourd'hui, est le nouveau Mandela, le nouveau Martin Luther King ? Qui incarne un combat, une épopée généreuse, un lutte à livrer ? Et contre qui ? Et contre quoi ?

Parce que les grandes causes d'hier sont considérées – à tort – comme gagnées, gagnées juridiquement et non dans les faits économiques et sociaux : la cause des Noirs aux Etats-Unis et en Afrique du Sud. Parce que d'autres grandes causes sont vues – avec plus de raison – comme perdues : la cause de l'égalité par la lutte des classes. Parce que les autres causes sont plus difficiles à identifier et à symboliser. Parce que la crise et le chômage ont réduit la portée du discours politique et affaibli le crédit des dirigeants. Parce que tout est davantage subtil, complexe et troublé, les grands héros, les dinosaures de la politique agissante ou de la politique rêvée, ont disparu de la scène et leur retrait laisse orpheline, de père et de références, la jeunesse. Car c'est elle plus que les adultes, qui avait besoin d'eux. Car c'est eux, par la caricature souvent simpliste – mais peu importe quand elle était positive – de leur propre image, qui intronisaient les jeunes en politique, les laissaient découvrir son territoire, les faisaient réagir, adhérer d'abord puis, parfois, rejeter.

Si les images de Che Guevara, de Gandhi, de Kennedy, de Martin Luther King étaient vivantes, Florence Rey et Audry Maupin auraient peut-être tué. Mais si le Che, JFK et les autres avaient des successeurs, ce serait que l'époque n'est pas celle d'aujourd'hui, que l'espoir et le rêve y auraient encore une place, que l'environnement politique, social et culturel serait différent. Différent de ces jours sombres et lourds de menaces. De ces jours qui laissent voir derrière les meurtres commis par ces deux jeunes assassins un désespoir qui les dépasse et les englobe.

L'Histoire est à une fin. Fin provisoire puisque l'Histoire, toujours, est à suivre. Mais cette fin est vertigineuse pour la classe politique et ses dirigeants. Ils doivent changer leurs réflexes, leurs attitudes, trouver des nouveaux repères, chercher de nouvelles marques, inventer et imaginer la suite.

Imaginer, c'est aujourd'hui le fantastique défi qui leur est lancé. Imaginer la réponse que, dès aujourd'hui, ils doivent livrer aux déçus du communisme, à tous ceux qui en ont souffert de leur vivant et à ceux qui l'ont rêvé en l'espérant.

Imaginer la réponse, immédiate, qu'ils ont à donner à des citoyens, travailleurs et chômeurs, qui constatent, comme eux, que la société a vidé ses caisses, que le système de protection sociale est en faillite, que les droits ne sont plus acquis, que le progrès social, pour la première fois, recule.

Imaginer la réponse, urgente, qu'attend une jeunesse dépassionnée, privée de références, de combats et d'interlocuteurs.

« Nous vivons une époque troublée et troublante. Les croyances se sont effondrées. L'idéologie communiste ne tient plus. Les socialistes n'ont pas respecté leurs promesses. Les trafiquants de la finance gagnent de l'argent en spéculant. Le travail honnête est dévalué. Les exclus sont atomisés, humiliés. Quand on fait l'amour, on s'engage à la vie, à la mort. Face à ce merdier, je veux ouvrir cette " petite tente de ciel bleu " dont parle Oscar Wilde du fond de sa geôle de Reading. »

Qui parle ? Jacques Higelin, chanteur [1]. Les poètes ont le beau rôle, ils vitupèrent et imaginent. Les politiques récoltent l'ingratitude et semblent s'en satisfaire. Ils

---

1. In *Le Nouvel Observateur*, du 9-15 février 1995.

déçoivent par leur prudence et leur incapacité à envisager. Ils ont des excuses puisqu'ils ont une mission difficile. Mais les élus ne sont-ils pas choisis pour surmonter toutes ces difficultés? Ils ont peur de commettre la faute. Ils ont peur – c'est respectable – de mentir, de se tromper et de tromper. Alors ils gèrent – le maître mot –, ils gèrent la crise au jour le jour. Ils refusent la politique en ce qu'elle a de grand, la politique qui anticipe, qui prévoit, qui emporte l'adhésion quitte, en cas d'erreur, à décevoir et entraîner, en contrepartie, la sanction du vote.

Ce refus de la politique par les politiques, ce choix de la gestion contre la politique, même si l'une et l'autre ne sont pas contradictoires, laissent la place à des nouveaux venus, des mal venus, des hommes faussement neufs, des idées faussement nouvelles qui avancent des mauvaises réponses et, progressivement, comblent, avec leurs mensonges, le vide politique.

DEUXIÈME PARTIE

La politique a horreur du vide

Chapitre Premier

LES ÉQUARRISSEURS

« Les fascistes sont de retour. » L'alerte a souvent fait sourire. N'était-elle pas obsessionnelle ? Elle était le cri de ralliement des nouveau-nés d'après-guerre qui, devenus grands et intellectuels, voyaient des fascistes partout, cherchaient l'adversaire pour faire, contre lui, le coup de poing idéologique, trouvaient là une identité, celle d'une génération qui, à l'inverse de la précédente – coupable, avant-guerre, de n'avoir rien vu venir –, débordait, elle, de vigilance et s'inventait des peurs. Il fallait qu'il y ait risques physiques pour mettre en valeur des combats d'idées. Il fallait que la résistance – le mot noble – s'oppose à une menace. Il fallait que les barricades se dressent contre un ennemi.

Je me souviens de celles édifiées dans les rues de Caen près de la fac, non pas en mai, mais en mars, non pas en 68, mais en 71 pour célébrer l'anniversaire de la Commune et protéger l'Université de l'attaque imaginaire des versaillais encasqués.

C'était le temps où les ministres de l'Intérieur étaient des fascistes, les ministres de l'Education nationale des collabos à la solde du capital, les policiers des miliciens et les CRS des SS.

C'était le temps où à Sciences-po, en 1974, nous nous battions contre les nervis d'Assas et les abrutis du GUD qui escortaient Maurice Bardèche, écrivain fasciste invité, par erreur, à tenir conférence dans le temple républicain de la rue Saint-Guillaume. Je me souviens que l'un des nôtres avait reçu, dans l'éclat des vitres des portes d'entrée, une légère blessure au coin du visage et qu'il exposait son égratignure comme la preuve sanglante de son courage et de son haut fait d'armes et de résistance.

C'était charmant.

Et la phrase alarmante revenait sans cesse, comme une litanie mobilisatrice que rien, ou peu, ne justifiait sinon quelques débordements plus folkloriques que réels, eux-mêmes nourris, en réaction, par notre vigilance. « Les fascistes sont de retour. » Et puis, à force de le dire et au moment – mais n'est-ce pas lié ? – où le nationalisme en Russie et en Bosnie, où l'intégrisme en Algérie, où partout, si près de l'Europe, les fondamentalismes [1] s'installent, les fascistes, oui, sont de retour en France, en Autriche, en Italie.

Ils n'ont pas l'apparence de leurs aïeux. Ils ne portent ni uniforme ni chemise brune, ils n'arborent ni croix ni drapeaux. Ils sont habillés en costume deux ou trois-pièces, élégants et distingués, comme l'Italien Gianfranco Fini qui parle de Mussolini avec des mots bienveillants sans que ses mots ne jettent dans la rue, pour les condamner, des millions d'Italiens. L'Autrichien Jörg Haider, authentique nostalgique du nazisme, n'effraye pas davantage, au contraire, il engrange des succès électoraux et son style, jeune et audacieux, est jugé... comment dirais-je ?... rafraîchissant. Quant au Français, Jean-Marie Le Pen, fasciste

---

1. *Cf.* Jacques Julliard : *Ce fascisme qui vient*, et Bernard-Henri Lévy : *La Pureté dangereuse, op. cit.*

braillard avéré, mais honteux, puisqu'il attaque devant les tribunaux ceux qui l'accusent de l'être, il est bien rangé dans le personnel de la politique française, à la droite de la droite, voisin de table de tous les débatteurs et porte-parole des partis politiques.

Ils sont là tous les trois sans qu'il n'y ait émoi. L'un d'eux, le premier, siégeait au gouvernement d'un pays, l'Italie, qui est notre ami, notre allié militaire dans le Pacte de l'Atlantique Nord, notre partenaire dans l'Union européenne, pourtant édifiée, à l'origine, contre le fascisme. Le second ose insulter l'Histoire et les morts en saluant Hitler qui fit pour l'Autriche des choses « positives », lui rendant son orgueil : *Heil Hitler* et *Heil Haider*. Le troisième, le nôtre, attise la haine de l'étranger, se vautre dans la fange de la xénophobie, avoue son antisémitisme au hasard d'une phrase lâchée ou d'un mot échappé.

Et ça va.

La belle éducation de la politique, son exorbitante civilité, sa peur, peut-être, de la terminologie précise, hésitent à qualifier, par ce qu'ils sont, ces trois hommes et leurs formations. Elle parle, à leur égard – en méritent-ils ? – de populisme, forme creuse et pratique. Mais le populisme – on le verra – n'obéit pas à une idéologie. Il est une déviance récurrente de la politique, une sorte de sauce en suspension qui, au nom du peuple, transforme les recettes politiques en soupe populaire.

Or MM. Fini, Haider et Le Pen incarnent, eux, une idéologie. Elle n'est pas nazie, elle n'est pas mussolinienne. Ils ne sont pas fous. Elle n'est pas, davantage, contre la démocratie en tant que telle, mais contre la démocratie telle qu'elle est pratiquée, telle qu'elle fonctionne, telle qu'elle est, englobante et généreuse. Leur idéologie parle de la démocratie pour la forcer à être autoritaire, sécuritaire et nationaliste. MM. Fini, Haider et Le Pen sont des « démocrates-fascistes » qui usent de la démocratie pour la combattre telle qu'elle est. Donc pour la détruire.

Parfois, quand l'audace saisit la politique, on ose les affubler de l'épithète : néofasciste. Le *néo* vient alors relativiser le *fasciste*. Mais le *néo* n'est pas une atténuation. *Néo* signifie nouveau. En quoi un fascisme nouveau, comprenez : moderne, serait-il plus fréquentable et moins dangereux qu'un fascisme ancien ?

MM. Fini, Haider et Le Pen sont des fascistes tout court.

Autant le dire. Le dire à l'Assemblée, dans la presse, à la télévision, dans les radios, à ceux qui croient, aux électeurs qui croient qu'un fasciste bon teint, qui ne porte pas son nom, qui n'est pas identifié et trop peu dénoncé, est un recours possible, un vote comme un autre. Et les hommes politiques, les démocrates, hésitent à le dire. Ils hésitent, car de cette sale renaissance, de ce fascisme qui revient déguisé sous une forme respectable, ils sont les responsables.

La politique a horreur du vide. La politique, faute d'un discours fort et humaniste, d'un discours qui édifie, en rempart solide, les valeurs indestructibles de la démocratie contre les tentations malsaines et les coups de boutoir qui lui sont régulièrement portés, la politique a ouvert une brèche, puis un vide. Elle a laissé Le Pen, Haider et les autres s'engouffrer dans la brèche, occuper le vide, répondre à sa place aux questions, avancer à sa place des réponses.

Sur les étrangers, sur la sécurité, sur la nation – les trois domaines de prédilection de MM. Fini, Haider et Le Pen –, la politique dite classique n'a pas su assumer ses attitudes. Sans doute les gouvernements qui se sont succédé auraient-ils dû veiller à une meilleure politique de l'immigration. Sans doute auraient-ils dû assurer, avec plus d'efficacité, la sécurité des citoyens. Sans doute auraient-ils dû parler avec une plus grande conviction et davantage d'enthousiasme de la nation, de ses valeurs, de ses caractéristiques, de ses fiertés. Sans doute, mais pas sûr. Les vieux pays européens, tel le nôtre, répugnent à fermer autoritairement leurs frontières, signe de fragilité, de peur et de couardise culturelle. Ils n'ont pas l'envie de transformer leurs policiers en shérifs, ni leurs gendarmes en escouades, armés jusqu'aux dents. Ils se méfient des embrassades au drapeau, des envolées lyriques sur la nation qui ont l'accent des chants de l'Occupation et de la guerre. Les vieux pays sont les aristocrates de la démocratie et non ses nouveaux riches.

Pourquoi ne pas alors assumer jusqu'au bout cette forme audacieuse de noblesse, pourquoi, d'un seul coup, se sentir coupable de laxisme, voire de trahison face à l'ennemi, à l'étranger ? Pourquoi s'autoflageller quand aucune faute réelle n'a été commise ?

On rêve d'une belle attitude qui prendrait à sa charge, et non à sa décharge, toutes ces supposées erreurs pour s'en complimenter. Pour dire que la France, par exemple, s'honore de ne pas avoir été peureuse, qu'elle est fière d'être restée une terre d'accueil, et le restera, qu'elle n'a pas été prise en défaut d'indolence et s'honore de toujours préférer les libertés individuelles, les facilitant, à la contrainte, qu'elle refuse de succomber à la coercition et à la discipline policière, qu'elle est sûre d'elle, de ce qu'elle est, de ce qu'elle représente, qu'il lui est donc inutile, qu'il lui semble vulgaire de se draper dans ses couleurs, de les brandir comme un étendard protecteur et hautain.

Quelle belle attitude! Quelle force aurait une telle attitude auprès des gens, des jeunes, de tous ceux qui voient, regardent et constatent que la France et d'autres vieux pays puisent leur vitalité démocratique dans leur capacité à braver les menaces, à affronter les problèmes et les crises sans renier ni rogner leurs principes démocratiques.

Au lieu de cela, les politiques se sont sentis coupables. Au lieu de cela, ils ont été honteux, avouant, publiquement face à l'opinion, qu'ils ont mal agi, mal géré, mal appréhendé.

Laurent Fabius, le premier, pourtant peu disposé à servir l'extrême droite, a octroyé à Le Pen un incroyable satisfecit. Alors Premier ministre, il a reconnu que le chef du Front national posait, à propos de l'immigration, de bonnes questions mais apportait de mauvaises réponses, l'intronisant ainsi parmi les interlocuteurs, parmi ceux susceptibles de diagnostiquer les malaises, ou supposés malaises, de la société. Comment s'étonner ensuite de l'audience de Le Pen ? Comment reprocher à des électeurs perdus de tomber dans ses bras ? Comment combattre efficacement un homme auquel on attribue une clairvoyance qui aurait manqué aux autres, aux démocrates ?

Le Pen ne posait pas de bonnes questions. Simplement, la question – celle de l'immigration – ne se posait pas auparavant, avant la crise et le chômage. Et si elle se pose aujourd'hui, ce n'est certainement pas à la façon excluante et raciste de Le Pen.

Fabius n'a jamais voulu appuyer les thèses de l'extrême droite qu'il combat, mais il a ouvert une brèche dans le discours, laissant d'autres, après lui, chercher puis trouver des réponses aux « bonnes questions ».

Ainsi Charles Pasqua, figure exemplaire en la matière, verse, avec délectation, dans l'allégorie sécuritaire, multipliant les opérations coup de poing et systématisant les contrôles de police. C'est bien sûr son travail de veiller à la sécurité publique. Mais a-t-on déjà vu dans l'histoire de la Ve République – hors l'exception Poniatowski – un ministre de l'Intérieur aussi prosaïque ? Le « job », habituellement, exige une certaine discrétion, du moins de la réserve. Le premier policier de France n'incarne pas la politique de la France. Charles Pasqua, lui, parle au plus haut niveau, avec talent d'ailleurs et une incontestable puissance de séduction. Or, quand un ministre de l'Intérieur séduit parce qu'il a recours à des méthodes musclées, c'est bien la preuve parlée que le discours sécuritaire est un nouveau ressort, un ressort essentiel du débat politique. Pasqua, de fait, même s'il s'en défend, même s'il est farouchement républicain et antiraciste, adoube Le Pen, du moins ceux qui parlent comme Le Pen et accusent, comme Le Pen, la République d'être molle et trop faible.

Il ne sert à rien de jeter la pierre à Charles Pasqua. Tous les grands politiques aujourd'hui se sentent obligés de cultiver dans les plates-bandes autrefois en friche de l'extrême droite, espérant en récolter quelques pousses électorales. Tous, même Michel Rocard – le plus humaniste, le plus généreux –, ont critiqué le trop grand laisser-faire de notre politique d'immigration. « La France, a-t-il dit, ne peut accueillir toute la misère du monde. » Evidence. Il y a danger à dire des évidences quand elles accréditent ceux qui s'en emparent comme slogan et les détournent dans le sens du mal. Tous, depuis quelques années, à Matignon, à gauche comme à droite, sont heureux de faire part, régulièrement au peuple, de leur vigilance aux frontières, de leur victoire emportée haut la main, sans risque, contre une poignée de clandestins cueillis dans des squats puis jetés dans des « charters », le mot-trophée d'Edith Cresson.

Et tant pis si tout cela n'est qu'esbroufe, que tartarinade de matamore. Et tant pis si, heureusement, la France n'est pas un coffre-fort, jalouse de ses richesses, imperméable à toute intrusion. L'essentiel est de faire croire. Et, faisant croire, on pense ainsi contrer les arguments et les critiques des extrémistes, des Haider et leurs cliques, alors que ceux-ci, au contraire, se repaissent de ces bouts de phrases sécuritaires et de ces durcissements des politiques gouvernementales contre l'immigration et l'insécurité – indécemment mariées. Ils s'en nourrissent car ces mots et ces actes prouvent qu'ils ont eu raison de poser les problèmes, d'exiger des mesures autoritaires, de déclencher une autocritique de toute la classe politique et une remise en cause de son discours trop imprégné de générosité.

Aujourd'hui, il est à la mode de dire que la politique paie ses années laxistes en matière d'immigration et de sécurité. N'est-ce pas là la démonstration que l'intoxication a réussi, que les thèses des extrémistes droitiers ont fini par convaincre? La politique s'en défend. Et elle a raison de s'en défendre puisque la France, et l'Italie, et l'Autriche, et les autres vieilles nations européennes ne sont pas devenues policières, qu'elles n'ont pas transformé leurs frontières en murailles ni leurs postes douaniers en miradors. Mais justement, comme le degré zéro de l'immigration est impossible, comme la « préférence nationale » ne peut jouer — pas encore — pour trier l'accès aux soins et aux aides sociales, comme la lutte contre l'insécurité se heurte, vite, à la liberté d'aller et venir, comme il est difficile, sinon impossible, de défigurer une démocratie sans la nier, ses adversaires pourront à loisir continuer à réclamer davantage, à exiger d'autres mesures, d'autres lois, d'autres mots pour les satisfaire. Pourquoi leur refuser, puisque les premiers accrocs ont été faits, puisque la politique n'a pas su consolider son discours, assumer ses décisions passées ou ses non-décisions passées, donnant, ainsi, raison aux partisans de l'autoritarisme ou — ce qui revient au même — leur laissant croire qu'ils ont eu raison ?

Sur l'immigration, sur l'insécurité, les classes dirigeantes des vieilles démocraties ont donc cédé, tout comme elles ont cédé dans la surenchère nationale.

Ah, la nation ! La France ! Parlons d'elle uniquement et non de l'Italie ou de l'Autriche, car la nation est une abstraction si intime qu'il faut y vivre pour l'évoquer et l'analyser. Aux heures vivantes du gaullisme, elle était chantée d'une voix juste. L'homme – de Gaulle – qui entonnait le refrain avait l'accent de la vérité. Il avait libéré la France. Il l'avait sauvée du déshonneur. Il était donc la France. Durant « ses » années, la nation prit alors une place plus grande qu'avant lui et que jamais après lui. Le grand homme était exceptionnel. La nation était exceptionnellement mise en valeur, à l'égal de De Gaulle, à sa hauteur. De Gaulle parti, les références grandiloquentes et amoureuses à la nation se sont estompées dans les discours. Pour deux raisons, l'une liée directement au Général, l'autre obéissant à des réflexes enfouis dans les tréfonds de la République.

Première raison : les présidents de la Ve – tel François Mitterrand – et les grands politiques ont certes mimé de Gaulle mais sa taille historique leur interdisait de forcer la ressemblance jusqu'à parler comme lui, au risque, s'ils s'y essayaient, de sombrer dans une mégalomanie que seul le Général pouvait habiller d'une ambition collective. Et puis, les discours de Charles de Gaulle, ses envolées sur la nation paraissaient vieux jeu. Donc, on parla moins fort de la nation.

Seconde raison : la France et les Français, nation et peuple à part, se sont toujours méfiés – sauf sous de Gaulle – des odes à la nation. Les Français sont chauvins et à la fois critiques à l'égard de leur pays. Ils sont patriotes, mais il leur faut au moins une guerre pour le dire et en mourir. Ils ne sont pas, à la différence des Anglais ou des Américains, du genre à chanter l'hymne national pour le seul plaisir de communier en chœur et d'afficher ensemble leur amour du pays. D'ailleurs, les Français n'accrochent pas de drapeau bleu-blanc-rouge à leur balcon, dans leur magasin ou au fond du jardin. Bref, ils estiment, nous estimons – peut-être à tort mais c'est ainsi – qu'entre l'exaltation de la nation et le nationalisme, il n'y a pas, somme toute, de grandes différences.

Conséquence inattendue et brutale de cette attitude plutôt honorable : l'idée de nation, le drapeau tricolore et *La Marseillaise* ont été récupérés par les nationalistes, par ceux, justement, que la pudeur française vis-à-vis de la nation voulait combattre.

Qu'ont fait alors les politiques, du moins la plupart des politiques ? Ils ont – comme en matière d'immigration et de sécurité – culpabilisé, avoué leur manquement à la nation, reconnu leur errance vers l'Europe, livrant ainsi aux nationalistes le fouet tricolore qui les flagelle.

L'Europe, la crise aidant, est devenue le bouc émissaire. Depuis qu'elle s'est constituée, elle a toujours eu ses adversaires, mais la forte conviction de ses défenseurs contrait toutes les attaques. L'avenir de la France, d'une France influente, est tout entier dans l'Europe. Les grands hommes politiques, ceux qui ont l'envergure d'hommes d'Etat, en sont convaincus. Or leur fougue européenne, aujourd'hui, s'émousse. Ils sont toujours favorables à l'Europe mais ils glissent des nuances dans leur discours, ils laissent dire, sans trop les contredire, les critiques qui reprochent à l'Europe tous les maux de la France et n'hésitent plus à les prendre à leur compte puisque, semble-t-il, l'électorat veut les entendre.

Une certaine forme de nationalisme bien portée s'installe doucement contre le fédéralisme européen, expression jadis glorieuse et aujourd'hui vicieuse, presque traître. Traître à quoi ? A qui ? A la nation. A cette nation qu'embrassent jusqu'à l'étouffer les extrémistes.

Ni Chevènement, ni Séguin, ni Villiers

ni Pasqua ne sont extrémistes. Ni Balladur, ni Chirac ne sont opposés à l'Europe. Mais chez les premiers bien sûr, et chez les seconds dans une mesure moindre, la méfiance européenne vient conforter la défiance européenne des nationalistes justifiée et renforcée par la frilosité européenne des uns et la soudaine prudence des autres.

Seul, Jacques Delors, parmi les politiques, avait l'audace d'afficher en devise, sans circonvolutions électoralistes, la logique d'un fédéralisme inévitable, attendu et souhaité par les pères fondateurs de l'Europe. Lui seul osait dire, avec une puissance de conviction confortée par son expérience, donc beaucoup plus forte que celle de Jospin, que la France gagnerait en avançant plus loin, plus vite et jusqu'au bout dans la construction européenne. Lui seul ne voyait pas de contradiction – parce qu'il n'y en a pas – entre l'idée de nation et l'Europe unie, ni de menaces pour l'identité française. Lui seul avouait que tout chef d'Etat français était, de toute façon, quoi qu'il en dise avant d'être élu, obligé d'accepter la logique fédéraliste parce que c'était là l'intérêt évident de la France, de la paix, l'espoir pour la Bosnie, Sarajevo,

Bihac, ces peuples et ces villes assiégés qui attendent que l'on s'entende. Lui seul n'en avait rien à faire, des échos et des conséquences de la défense acharnée de son rêve européen. Et Delors a choisi d'être un observateur et non plus un grand acteur. Et ceci sans doute explique cela.

Alors?

Alors, toutes ces concessions faites aux équarrisseurs de la politique sont extravagantes. Il semble aisé d'opposer à leurs mensonges sur l'immigration, sur la sécurité, sur la nation et l'Europe, la force de la vérité assumée. Et c'est le vide en guise de réponse ou d'autres mensonges en forme de fausses solutions.

« Les fascistes sont de retour. » Et il leur est fait la révérence.

Chapitre 2

LES BONIMENTEURS

La République, comme le roi autrefois, a ses camelots. Camelots de droite, camelots de gauche, ils ont installé leurs étals dans l'enceinte même des palais républicains. Car ils se font élire. Car ils ne sont plus ces antiparlementaristes populaciers qui condamnaient, au nom du peuple, les institutions. Car ils participent au débat politique, l'animent et le réveillent.

Ils sont républicains. Les populistes, aujourd'hui, sont républicains – comme les fascistes, aujourd'hui, sont apparemment « démocrates » – et, à ce titre, ils parlent bien, certains mieux que les autres, des valeurs de la République et de l'héritage du radicalisme pour Bernard Tapie, de la grandeur et de la beauté de la France, de cette douce France des villages, des pâturages et des traditions si chère à Philippe de Villiers.

Oui, ils parlent bien. Oui, Tapie et Villiers sont l'un et l'autre à des degrés variés, l'un étant l'inverse de l'autre, populistes. Si la politique, c'est – ce devrait être – susciter le rêve d'un projet social pour mobiliser et affronter concrètement les difficultés et les peurs; le populisme, c'est jouer avec les peurs et les passions, c'est capturer les rêves du peuple, c'est lui faire croire que tout est possible, qu'il suffit d'exposer des idées simples et de critiquer les élites pour résoudre les difficultés. La politique est le rêve plus la réalité. Le populisme est le rêve plus le mensonge.

Tapie et Villiers sont deux formidables ténors, le premier des faubourgs, le second du bocage, qui ont racheté, l'un aux Puces, l'autre chez un notaire de province, les grands livrets lyriques abandonnés par les politiques. A Tapie, le modernisme, le progrès, l'Europe enthousiaste, la générosité sociale, la lutte contre le chômage et contre l'extrême droite. A Villiers, la nostalgie carillonnante, les valeurs chevrotantes, la patrie, la morale, la famille, l'image rêvée d'un certain bonheur polychrome. Leur répertoire n'est pas le même, leur style est différent, mais Tapie comme Villiers jouent sur les passions des gens, ravivent leur orgueil, redonnent de la fierté à ceux qui, individuellement ou collectivement (nationalement), l'ont perdue ou ont le sentiment de l'avoir perdue. Ils sont des « grands apporteurs » – au sens où Victor Hugo parlait des « grands apporteurs de vérités » –, ils sont des « grands apporteurs » d'espoir, ils sont des bonimenteurs qui tiennent la boutique que les autres hommes politiques, leurs collègues, ont eu la faiblesse de leur céder en bail : la boutique de l'espoir et du rêve transformée, par eux, en magasin de farces et attrapes.

Farce, l'invraisemblable proposition de Bernard Tapie de rendre illégal le chômage des jeunes. Attrapes, les longs discours de Philippe de Villiers sur la vertu. Farce, sa promesse de supprimer l'impôt sur le revenu. Attrapes, les faux nez de Tapie, tour à tour chantre de l'entreprise et archange des exclus. Farces et attrapes, tout, sur leur étal, est illusion, une étrange illusion qui ne prend pas sa source dans une idéologie, qui ne vise pas à construire un nouveau système politique, qui ne peut être accusée d'extrémisme ou d'utopisme. Cette illusion est celle du peuple. Or le problème de la politique aujourd'hui, à droite et à gauche, c'est justement le peuple.

Le populisme n'est certes pas une nouveauté. Il est aussi vieux que la politique. Mais ce populisme-là, républicain, est davantage subtil et habile que ne l'étaient les populismes et les populistes des années 30 ou 50. Les beaux parleurs et haut parleurs du populisme des années 90 sont plus astucieux, plus séduisants, plus intéressants que ne le fut, par exemple, Pierre Poujade. Leurs références seraient plutôt étrangères. Sans remonter à l'Argentin Juan Perón – quoique, chez Tapie... –, ce sont les Américains du Nord Ross Perot ou Newt Gingrich, ou l'Italien Silvio Berlusconi qui leur ressemblent le plus. Comme eux, Tapie et Villiers ne sont pas des populistes étriqués, ils ont du souffle, du coffre, de l'ambition. Ils connaissent le pouvoir, ils ont été ministres. Ils fréquentent ou ont fréquenté les chambres des députés nationaux et européens. Ils possèdent les codes et les signes de la caste politique. Ils ont, surtout, au bout des doigts et de la langue, cette magie invisible, ce don d'animateur et de communicant, qui, du Puy-du-Fou au stade Vélodrome de Marseille, ont enthousiasmé des foules, qui, de *7 sur 7* en *Heure de vérité*, ont provoqué et emporté l'adhésion, qui, au fil des années, des campagnes, des succès, ont fait d'eux des partenaires, des alliés, des adversaires, des hommes qui comptent parmi les politiques.

Sans doute est-ce aujourd'hui vrai pour Philippe de Villiers, légalement intact, et moins vrai pour Bernard Tapie, empêtré dans ses « affaires ». Mais Tapie est-il vraiment fini ? « Tapie est né en politique d'une vision nietzschéenne de Mitterrand, écrit Alain Minc. Le président a sorti un diable de sa boîte, en croyant qu'on pourrait toujours le faire rentrer. Faux. Un diable ne rentre jamais dans sa boîte. »

Tapie demeure un symbole, et un symbole d'autant plus fort que sa déchéance fait de lui un exclu. Tapie est le Prince des exclus. Enorme mascarade ! Fantastique tour de passe-passe ! Tapie le fraudeur du fisc, Tapie l'ex-milliardaire au train de vie incroyable, Tapie l'ex-protégé des grands, des banquiers, des plus hauts responsables au plus haut sommet de l'Etat, Tapie le cynique qui a licencié à tour de bras, Tapie est le Prince des exclus. Et ça marche.

L'art des populistes consiste à détourner et à retourner les critiques. Si attaquer Villiers, c'est attaquer la France « convenable »; attaquer Tapie, c'est attaquer le peuple; condamner Tapie, c'est condamner le peuple; rejeter Tapie, l'exclure donc, c'est exclure le peuple.

Alors, on s'interroge. Alors, souvenez-vous, quand le verdict d'exclusion est tombé sur la tête du député des Bouches-du-Rhône. Beaucoup, chez les politiques, ont applaudi. Beaucoup, chez les gens, ont regretté. Beaucoup, aussi, parmi les politiques et les gens, se sont interrogés. Et si Tapie, finalement, n'était pas un mal nécessaire? Et si Tapie, comme Villiers, était indispensable au débat? Et si le populisme, un degré acceptable de populisme, était un remède, et non un poison, pour guérir la politique?

Et si? Et si?

La question chemine et gagne les esprits,

les plus beaux esprits, les analystes, les commentateurs, les hommes politiques. Et si le populisme était une forme de politique, moins chic et moins élégante, mais plus proche des préoccupations et plus enthousiasmante, moins lointaine et moins « élitiste », mais finalement réaliste – parce que concrète – et rêveuse –, parce qu'exaltante. La question est posée. Et cette question est la victoire, fût-elle politiquement posthume, de Tapie. Car la question, par le seul fait qu'elle se pose, est déjà une réponse favorable aux populistes. Elle montre le trouble. Elle exprime le doute. Elle entretient le sentiment d'échec et de culpabilité qui frappe les politiques. Ils n'ont pas su, ils ne savent plus comment parler au peuple, renouer avec le peuple, respirer avec le peuple. Alors, pourquoi pas, un peu, de populisme ? Pourquoi pas Tapie ? Ou Villiers ? Surtout Tapie. Avec lui, grâce à lui, une partie de l'électorat populaire s'exprime et reste en contact avec la politique, une forme dénaturée de la politique mais une forme préférable à l'abstention, cette abstinence dangereuse, ou à l'extrémisme, cette tentation des laissés-pour-compte.

« Le lien affectif entre parti socialiste et monde populaire n'existe plus, un peu comme entre un homme et une femme qui ne s'aiment plus. L'amour est mort, on voudrait bien, mais on ne peut plus... », explique le sociologue Emmanuel Todd [1], auteur d'une note fameuse de la Fondation Saint-Simon sur la fracture sociale entre le peuple et les élites. Todd parle d'amour. Tapie exprime cet amour, cette passion, ce rêve que le socialisme des années 90 ne parvient plus à exprimer. Le constat d'impuissance est établi et avoué. La gauche est devenue froide et sèche, elle ne réchauffe plus, elle ne sait plus embrasser, rassurer, réconforter les plus faibles, les plus démunis, tous ceux qui ont peur de basculer dans l'exclusion. Alors, la tendance est à la compréhension du populisme. On ne le combat plus par principe, on le justifie par défaut. Il est, en attendant que la gauche se ressaisisse et renaisse, une sorte de vaste salle d'accueil où s'entassent les déçus et les mécontents. Ils sont là, au chaud. Ils ne sont

------

1. Interview au *Magazine de Libération*, daté du 7-13 janvier 1995.

pas ailleurs, chez Le Pen ou nulle part. Ils restent en contact avec le monde politique qui a délégué ses fonctions représentatives à des tribuns fréquentables, au risque de perdre son âme et sa fierté.

Tous, nous l'avons écrit. Tapie et Villiers sont préférables à Le Pen. Ils sont des traits d'union – petit trait horizontal entre le verbe (la parole) et le pronom (le peuple) – qui empêchent une partie du corps électoral de se détacher de la banquise sociale. Le premier, Tapie, cultive les valeurs républicaines et européennes. Le second, Villiers, ravive la flamme nationale et patriotique. Alors, où est le mal? Quel est le mal? Ne sont-ils pas ces garde-fous qui contiennent les débordements et les calment? On le dit. Le disant, on se met à y croire. Et le populisme, au lieu d'être l'ennemi que les démocrates combattent, devient l'allié objectif des démocrates déboussolés. Tapie sauveur de la République! Villiers gardien des valeurs! C'est fou. C'est aberrant. C'est insultant. Mais c'est ainsi. La conviction que l'un et l'autre sont nécessaires au débat, que l'un et l'autre pallient les insuffisances des partis politiques, cette conviction doucement s'installe.

La politique est vide de rêve, d'espérance et de perspectives, elle cherche ses mots pour s'adresser au peuple, ne les trouve pas et s'efface, efface ses phrases, laisse les populistes remplir les blancs et les y incite : *parlez, mais parlez donc, nous n'avons plus rien à dire, nous ne savons que dire, nous avons trop dit, nous sommes muets, nous sommes des comptables essoufflés, des gestionnaires sans idées, de simples contemplateurs de la crise.*

Ce désarroi fait de la peine. La politique subit le populisme. Elle l'accepte non pas comme un mal dont elle ne pourrait se défaire, mais comme un bien qui va peut-être la remettre sur pied. Puisque le populisme soulage le peuple en canalisant – à défaut de calmer – ses douleurs, la politique, malade du peuple, tente de récupérer le populisme. Progressivement, elle l'accapare et le singe.

Ainsi, Chirac.

Le maire de Paris a lu Emmanuel Todd : « Les milieux populaires pèsent 50 à 55 % de la structure sociale et, donc, 50 à 55 % de l'électorat. Nous allons donc être confrontés à ce paradoxe : dans la mesure où le PS a rompu presque tout lien avec ces milieux populaires, cet électorat qui, lui, n'est plus représenté va devoir arbitrer la compétition présidentielle entre plusieurs candidats de droite [1]. » Chirac a donc lu et digéré l'analyse du sociologue : « Plus de la moitié de la population française n'est ni entendue ni défendue », écrit-il dans *La France pour tous* [2], le deuxième tome de ses *Réflexions*. Et le voici parti, à sa façon qui ne manque ni de cœur ni de superbe, défendant la veuve, l'orphelin, l'abbé Pierre et l'exclu. Sus aux technocrates, aux capitalistes, aux beaux quartiers, aux immeubles inoccupés frappés, par lui, de réquisitionnite. Il y croit, j'en suis sûr, l'homme est intellectuellement honnête. Il est sincère dans les phrases fortes et belles qu'il jette sur les pages de ses *Réflexions* : « Les gens simples m'inspirent une sympathie naturelle qui m'a souvent valu le reproche de préférer les lieux populaires aux salons mondains. Je n'ai jamais mésestimé le bon sens du peuple, encore moins sa dignité. » Il est « choqué par le sort fait aux Français les plus modestes ». Il est

---

1. In le *Magazine de Libération* pré-cité.
2. Editions NiL, 1994.

révolté contre « les détenteurs de gros capitaux (qui) se sont enrichis sans effort, par de simples jeux d'écriture, tant il est vrai que l'argent appelle l'argent ». Il prédit « une explosion sociale qui peut intervenir sans délai ». Il annonce l'apocalypse dans les banlieues : « Il n'est pas acceptable qu'en France, à la fin du XXe siècle, de véritables *favelas* forment le terreau d'une économie de type mafieux. » Il aime charnellement le peuple mais son cri d'amour et d'alarme n'est que pathétique. Car Chirac n'est pas un nouveau-né en politique, il n'a plus la fraîcheur des mots, il a gouverné la France, il gouverne Paris, il a géré le pays, il administre sa capitale, il a trop agi en politique – bien ou mal – pour, d'un seul coup, fût-ce avec authenticité, présenter de lui une image neuve, différente de celle qui s'est faite tout au long de sa longue vie publique : « Dois-je l'avouer ? écrit-il encore, je me reconnais mal dans les portraits qu'on a faits de moi. » C'est vrai, Chirac n'est pas, en privé, le Chirac des portraits officiels, il est chaleureux, sympathique, proche, à l'écoute des gens, curieux des gens, mais... trop d'années publiques l'ont dessiné et marqué d'autres traits, nombreux, contraires et changeants. Son inflexion d'images est alors perçue comme une embardée malhabile vers la gauche, et ses appels au peuple sont entendus comme des envolées, pataudes et électoralistes.

Chirac cherche à convaincre. Il y parvient dans ses meetings mais il y a de la tristesse à le voir se débattre sur un terrain qui n'est pas le sien, à l'écouter mêler ses mots avec les libelles des démagogues.

L'électorat n'est pas bête, on ne le dupe pas avec aisance. Il sait faire la part des populistes et des politiques, s'il est attiré par les premiers, c'est pour mieux condamner les seconds. Et si les seconds copient les premiers, la condamnation qui les frappe, ou les frappera plus tard, une fois élus, risque d'être cruelle.

L'antidote n'est pas dans un succédané de populisme qui emprunte aux populistes leur potion et leurs mensonges. On le sait, l'histoire l'a sans cesse démontré. Mais la tentation est forte. Elle est faite de petits calculs à court terme et de basses manigances qui poussent à l'intronisation des populistes à la politique par les politiques.

Voyez, Tapie.

Il est un populiste identifié, enjôleur et détestable, carré et menteur, intelligent et grossier, un artiste virtuose en populisme qui réussit à charmer les jeunes des banlieues et Marguerite Duras. Son rôle pourrait s'arrêter là, à celui d'un populiste séducteur et marginalement utile puisque ennemi acharné du Front national. Mais Bernard Tapie intéresse François Mitterrand qui le glisse dans son jeu – valet de pique et de cœur – et le parraine.

Sans lui, Tapie aurait connu quelques succès politiques d'estime. Avec lui, il devient ministre, figure emblématique du parti de Mendès France, puis – une fois déchu – symbole de la défiance envers les politiques et les institutions de la République. Mitterrand, parce que Tapie lui était pratique, a porté sur les fonts baptismaux un populisme nourri de mensonges, d'escroquerie et d'insulte envers la justice.

Voyez, Villiers.

Son populisme est, en apparence, plus honorable, il s'habille d'un programme et de propositions économiques qui lui confèrent une certaine respectabilité. Sa confusion des valeurs – valeurs collectives et valeurs individuelles, valeurs publiques et valeurs intimes – n'en est pas moins inquiétante et troublante. La droite pourtant le courtise et court derrière lui, tel Charles Pasqua qui, en pleine campagne pour les élections européennes, vole à son secours et lui octroie – formidable cadeau – le label majoritaire. Or Pasqua est le chantre de l'union de la majorité. Cherchez l'erreur! Il n'y en a pas. Villiers, comme Tapie, est utile. Son populisme est moqué à droite en petit comité, mais accepté publiquement. Et peu importe les conséquences sur le débat politique et sur la cohérence des discours. Le populisme de Philippe de Villiers peut toujours servir à Edouard Balladur ou à Jacques Chirac.

Que faire? Que fallait-il faire? Les hommes politiques, de droite et de gauche, ont-ils commis un crime en fréquentant les populistes et en leur faisant la courte échelle? Je le crois.

Le populisme est une régression démocratique. Il donne l'illusion d'endiguer les extrémismes, mais il agit contre l'autorité de l'Etat, sape son crédit, détériore le tissu social et creuse davantage le fossé entre le peuple et les dirigeants. Le populisme n'est pas un allié engagé auprès de la classe politique dans la défense des institutions, il est un adversaire insidieux qui prépare le lit de l'antiparlementarisme. Il ne se bat pas pour le peuple, il dresse le peuple contre l'élite, avec des mots haineux et revanchards, avec des attaques violentes contre la machine administrative – la technostructure –, contre les partis, contre la presse, contre tout le système de fonctionnement, de représentation, de communication qui anime une vie démocratique nécessairement imparfaite.

En période de crise économique, sociale et politique, les imperfections du système sont plus difficiles à supporter, d'où le désarroi de la classe politique et la résurgence concomitante du populisme.

Pactiser avec lui ne sert à rien, sinon à compromettre, par son contact, l'ensemble de la politique. Il faut donc le combattre, avec acharnement, l'éradiquer en localisant la source du mal. Or la source du mal est cette déchirure, en forme de plaie béante, qui sépare le peuple des politiques. La coupure est réelle, elle n'est pas une invention des populistes, elle provient de l'échec persistant de la lutte contre le chômage qui a cassé les discours traditionnels. Sauf à remporter, du jour au lendemain, une improbable victoire contre le chômage, la classe politique doit aujourd'hui associer le peuple à des solutions imaginées et rêvées par elle, travailler à la recherche de ces solutions, accepter le risque de perdre quand certains, parmi elle, se trompent.

Les remèdes miracle n'existent pas. Ils sont l'apanage des populistes, les électeurs le savent, les électeurs n'exigent rien des populistes, les électeurs exigent beaucoup des politiques. Alors, si ceux-ci ont conscience d'avoir tout donné et tout dit, s'ils ont asséché leur imagination, s'ils sont devenus asthmatiques, sans souffle, avares de projets et de rêve, alors oui, on comprend que la politique s'abaisse et rende les armes – ses armes – devant les populistes.

En sommes-nous là ? Les hommes politiques, dont le nouveau président, se doivent d'avancer une réponse. Un écrivain, l'un des plus grands, Julien Green, propose la sienne, intéressante, poétique et politique : « Personne, parmi ceux qui croient posséder le pouvoir (mais c'est le pouvoir qui les possède), n'a l'imagination du monde à venir. Même s'ils ne savent pas l'exprimer, les jeunes, les enfants, attendent quelque chose, autre chose que cette croyance aveugle dans l'argent et dans les lois obsolètes. Il faut rendre sa place au rêve. Le siècle qui vient doit être le siècle de la charité. La charité, ce n'est pas la bonne conscience, c'est l'amour [1]. »

Julien Green, parlant de politique, parle ainsi d'amour.

---

1. Interview au *Journal du dimanche* du 8 janvier 1995, par Christian Sauvage.

Chapitre 3

LES MORALISATEURS

A quoi rêve le peuple ?... Au palmarès des rêves collectifs, la justice occupe la première place. Son seul nom, d'ailleurs, définit ou enrichit les trois mots qui composent la devise républicaine. *Liberté* : la justice est sa condition. *Egalité* : la justice est sa garantie. *Fraternité* : la justice veille au partage.

Alors, tous les hommes politiques, d'Edouard Balladur à Lionel Jospin, de Jacques Chirac à Robert Hue, de Philippe de Villiers à Le Pen, son voisin, l'ont accrochée en tête de leur programme. Car la justice en fait *est* la politique, en ce sens qu'elle est à la fois son origine – établir un commencement de justice entre les citoyens – et sa finalité – tendre davantage vers une meilleure justice, une justice idéale, une justice rêvée. D'une manière à la fois rituelle et contractuelle, les hommes politiques s'engagent donc à faire sans cesse avancer et progresser l'idée de justice, des justices, la justice « judiciaire » et la justice sociale, toutes les deux au service d'une société plus *libre*, plus *égale*, plus *fraternelle*.

Depuis que la politique existe, il en est ainsi : le peuple rêve de justice et les hommes politiques exposent leur rêve de justice. D'un côté, la demande de rêve et de l'autre, l'offre de rêve. Or aujourd'hui, le rapport entre les deux est en situation de déséquilibre : la demande de justice est d'autant plus forte que l'offre de justice, telle qu'elle est exprimée par les grands partis politiques et ceux qui portent leurs couleurs, est perçue comme chiche voire – et c'est plus grave – suspecte.

Dans le domaine sensible de la justice sociale, ce déséquilibre est flagrant. La crise et son corollaire, le chômage, ont détérioré le rêve de justice sociale. Il n'est plus ce bel idéal qui, année après année, s'habillait de nouvelles conquêtes et séduisait le corps électoral, légitimement exigeant, mais comblé, dans son désir, au fil des campagnes électorales. Le rêve est désormais brisé. La justice sociale ne progresse plus, elle est réduite à la seule conservation des acquis, ce qui, dans une logique de progression sociale, est assimilé à une régression, la première – on l'a vu – de l'histoire sociale.

Même s'il y a acceptation de cet état social de fait, acceptation qui prend la forme d'une soumission, l'idée d'injustice sociale s'installe, et exhibe, pour preuves incontestables et flagrantes, ses victimes : les chômeurs, et ses martyrs : les exclus.

Face aux non-réponses des hommes politiques ou face à l'approximation des réponses embarrassées des hommes politiques, le corps social se tourne alors vers la justice tout court, celle des justiciables et des juges.

C'est elle qui doit compenser le déficit évident de justice sociale et satisfaire l'exigence de justice. La régression de la justice sociale étant insupportable ou difficilement supportable, la justice des juges est appelée en renfort pour combler le vide.

La théorie des vases communicants trouve là une application naturelle : moins de justice sociale entraîne plus de justice tout court ; une récession, comprise ou subie, de l'offre de justice sociale provoque une croissance, légitime et forte, de la demande de justice tout court.

Responsables de fait du fonctionnement, et du dysfonctionnement, de la société, les hommes politiques sont condamnés à répondre à cette demande, ce qu'ils s'efforcent de faire, et à supporter directement les conséquences de cette demande, d'où les « affaires ».

Les raisons de leur prolifération spectaculaire sont nombreuses. La légèreté collective de la classe politique qui n'a pas su, à temps, légiférer dans le domaine complexe du financement de la vie démocratique en est une. L'émancipation, tardive mais réelle, des juges en est une autre. Les alternances politiques qui ont facilité les accès aux dossiers, une autre encore. Mais la pression du corps social, mué en corps de justiciables, est la principale des raisons, sinon la seule et l'essentielle.

Les hommes politiques ont beau être, non pas pour la majorité d'entre eux mais pour la quasi-unanimité d'entre eux, des gens honnêtes, ils sont globalement soupçonnés de malversation, de magouillage et d'enrichissement personnel.

Leur mise en cause est ancienne. Depuis toujours, en France, la politique, fût-elle considérée comme un noble exercice, a été, plus ou moins selon les époques et les républiques, suspectée. Les Français étant fraudeurs et peu respectueux des lois, les hommes politiques ne devaient donc être ni meilleurs, ni pire. C'était admis. C'était faux. C'est toujours faux. La vocation, en politique, correspond souvent, au-delà des ambitions, à une vision presque religieuse et taboue de l'Etat et de sa justice. Cela, personne ne le croit mais peu importe... L'admissible est donc devenu inadmissible quand la crise sociale a accentué les inégalités et les injustices, quand les difficultés quotidiennes ont rendu intolérable l'idée présupposée que les hommes, en charge de ces difficultés, y échappaient par privilège, mansuétude ou, tout simplement, habitude.

On imagine alors la classe politique, toute la classe politique, faire bloc face à cette défiance, à ce péril qui la menace et risque de la tuer puisqu'il est destructeur du contrat qui la relie au peuple. Il y a urgence à se solidariser. Et elle se débande, s'accuse et laisse les « procureurs » – ces ayatollahs d'un ordre prétendu moral – trouver là, dans ses autoflagellations, des arguments pour la salir.

A une « affaire » de droite répond une « affaire » de gauche, et vice versa, l'une, celle de droite, brandie par la gauche, l'autre, celle de gauche, agitée par la droite. Chaque famille, cherchant la preuve de son innocence, charge l'adversaire, alimente, de ce fait, la suspicion générale et s'offre en pénitente à l'opinion caressée par les « procureurs », ravis de cet exhibitionnisme impudique.

Tous coupables ! Or les « coupables » ont justement pour mission de parler de justice, de nourrir, sans cesse, ce rêve d'une meilleure justice. Pas simple.

Sans doute Edouard Balladur, Premier ministre, a-t-il eu raison de dire : « Désormais, la justice passe. » Mais l'affirmation d'une vérité nouvelle est entendue, dans le contexte ambiant si lourd de défiance, comme un terrible aveu a posteriori. Ainsi, la justice, avant, ne passait pas. Ainsi, lors des années précédentes, y compris alors sous Chirac Premier ministre et Balladur vice-Premier ministre, le cours de la justice était systématiquement entravé. Ainsi, tous les anciens présidents de la République, Premiers ministres et gardes des Sceaux, tous les présidents de la Cour de cassation, tous les juges, étaient des empêcheurs de justice. Ainsi, on a menti au peuple, on lui a toujours menti. Qu'est-ce qui prouve aujourd'hui – par exemple dans la rocambolesque affaire Maréchal-Schuller – que le pouvoir dit la vérité?

Certes, les « affaires » ne sont plus étouffées avec l'insolence des années précédentes. Elles n'en sont pas pour autant perçues comme les preuves d'une justice enfin libérée des pressions politiques, mais comme la preuve publique et spectaculaire que la politique est bel et bien corrompue, que le corps des justiciables avait donc raison de douter de l'honnêteté des politiques, de ces hommes hors les lois, au-dessus des lois, les votant pourtant et s'autoamnistiant.

La suspicion se fait ravageuse. Chaque mot, chaque initiative se retourne contre les politiques. Ils sont désormais sur la défensive, obligés d'afficher leur honnêteté comme l'on montre ses papiers, de dire, tel Edouard Balladur arrivant à Matignon, que tout ministre mis en examen – donc présumé encore innocent – sera chassé du gouvernement, et d'aller au-delà, quelques mois plus tard, limogeant un ministre, Gérard Longuet, plusieurs semaines avant sa mise effective en examen. Le peuple réclame des têtes, les politiques mettent la leur sur le billot, sans protester, sans exposer, avec une véhémence compréhensible, leurs arguments de défense, sans combattre, sinon droite contre gauche, gauche contre droite, parti contre parti.

Le sentiment qu'ils méritent leur sort est partagé par l'opinion mais aussi, plus étrange, par eux-mêmes.

Cette soumission collégiale atteint son paroxysme dans l'« affaire du sang ».

Jamais la République n'a connu de scandale si douloureux. Des hommes et des femmes sont morts, d'autres vont mourir par irresponsabilité et incompétence de la machine politico-médico-administrative. Les politiques, dont le Premier ministre de l'époque, Laurent Fabius, le ministre des Affaires sociales Georgina Dufoix et le secrétaire d'Etat à la Santé Edmond Hervé, sont, *justement*, mis en cause. *Justement*, au sens *juste*, au sens où la justice doit se prononcer sur la responsabilité des décisions prises ou des décisions non prises par tous les acteurs, y compris le chef du gouvernement et ses ministres concernés. Mettre en cause ne signifie pas accuser, encore moins condamner. Or le verdict, avant même d'être prononcé, s'abat sur les politiques. Ils doivent payer, leur sacrifice servant d'exutoire à la légitime colère des familles, reprise à son compte par tout le corps des justiciables. Ceux-ci ne réclament pas justice, mais vengeance.

Bien sûr, l'extrême sensibilité de cette affaire, la maladresse verbale de Georgina Dufoix (« je me sens profondément responsable, mais pour autant je ne me sens pas coupable ») et l'invraisemblance des erreurs commises expliquent cette dénaturation de l'exigence de justice. Mais face aux accusations, la politique aurait pu se ressaisir sans pour autant insulter, par sa défense, les victimes. C'est elle, au-delà de Fabius, qui est collégialement en cause. C'est elle la mieux placée pour savoir qu'un Premier ministre ne peut être tenu pour responsable d'une erreur de ce genre, fût-elle criminelle. Fabius l'a dit, il a rappelé le calendrier de ses décisions concernant le chauffage du sang, il a convaincu l'ensemble de la classe politique. Et celle-ci, hors quelques élus ou anciens ministres de gauche et de droite, s'est tue collégialement. Elle n'a pas eu le courage de contrer l'instinct de vengeance. Elle a eu peur d'être accusée de fuir en suivant Edgar Morin qui, dans un article éblouissant publié dans *Le Monde*[1], écrit : « Il faudrait dire courageusement à tous, y compris aux victimes et à leurs familles, qu'ils sont victimes d'une machine qui détruit la responsabilité, et qu'il faudrait trouver réparation, non pas dans le châtiment de " meurtriers ", mais dans l'invention de dispositifs de protection dans et contre la machine afin qu'elle ne puisse commettre l'irréparable dans son propre fonctionnement, lequel entretient inconscience, irresponsabilité, laxisme et enfin cynisme. (...) C'est un travail civilisationnel de longue haleine que de civiliser la bureaucratie. »

La politique fait le dos rond. Courbée devant les insinuations et les attaques, elle a

---

1. *Le Monde* daté du 9 novembre 1992.

laissé la colère se déchaîner, l'insulter, la maudire.

Maudite! La politique semble maudite, et elle accepte la malédiction qui la frappe.

La France n'est pas l'Italie. Elle a toujours été un Etat de droit, tandis que de l'autre côté des Alpes, les rapports entre le pouvoir et la mafia ont corrompu jusqu'à la moelle de l'os la politique italienne et tous les rouages de l'Etat, de l'économie et de la justice. La France n'est pas l'Italie, mais ses politiciens se comportent comme s'ils étaient sous le joug d'une opération « mains propres » à la française, entretenant la confusion malsaine entre justice et morale, laissant dire et croire que la justice peut se confondre avec la morale sans être contrariée par cette fréquentation.

Pourquoi les plus grands de nos dirigeants et de nos responsables, au gouvernement et du haut de l'Assemblée, se sentent-ils contraints d'évoquer sans cesse la nécessaire « moralisation » de la vie politique? Qu'ils proposent ou déposent un texte sur le financement des partis politiques, et c'est de « morale » qu'ils parlent. Que vient-elle faire là ? Une nouvelle règle serait donc une nouvelle morale. Pourquoi pas un ordre nouveau ?

La politique italienne était immorale parce qu'elle pactisait avec des organisations mafieuses et criminelles. La politique française, bien qu'elle ne fût pas irréprochable, n'a pour autant jamais connu, de près ou de loin, une dérive à l'italienne. Parler de morale ou de moralisation à son endroit revient à accréditer la thèse des « procureurs », ces prêcheurs faussement puritains vautrés aux comptoirs des cafés du Commerce, dénonçant l'immoralité des politiques, leur cupidité et leur malhonnêteté incurables.

Pour combler le déficit de rêve de justice et authentifier leur discours, les dirigeants politiques ont cru trouver un recours en se tournant vers la morale, en se faisant, à leur tour, moralisateurs. C'est une nouvelle démonstration de leur désarroi. La morale est une notion subjective, dangereuse et mal définie où se complaisent les antiparlementaristes accusateurs et les intégristes sermonneurs, les uns et les autres sapant, en le cajolant, l'idéal d'une meilleure justice.

Extrémisme, populisme, moralisme... les trois avancent en ordre rangé. Ils investissent et cultivent le territoire du rêve d'où s'est retirée la politique.

Pour regagner l'espace perdu, donc faire rêver à nouveau et répondre au besoin vital d'espérance, les responsables politiques et leurs partis, de droite, du centre ou de gauche, exposent leurs programmes et leurs idées, tous et toutes intéressants. Susciter l'intérêt est le moindre des devoirs. Nos politiques sont capables de remplir ce devoir. Ils sont, pour la plupart, brillants, donc... intéressants. Ceux qui mettent en cause leurs capacités sont ceux qui les condamnent et leur préfèrent l'extrémisme, le populisme, le moralisme ou les trois à la fois.

Mais la complexité des problèmes auxquels la société doit faire face impose un effort permanent d'imagination, de propositions et de contre-propositions. L'époque n'est plus aux manifestes figés, ni aux schémas immuables gravés dans le marbre ou sur le papier. Tout bouge, la politique est condamnée au mouvement. Les hommes politiques, s'ils sont brisés à cette relative agilité, si l'exposé de leurs nombreuses propositions concrètes intéresse toujours l'opinion, n'arrivent plus à déclencher l'enthousiasme. Il leur manque la valeur ajoutée du rêve, cet élan qui transforme un discours politique ou un programme politique en ambition collective, ni folle ni utopique, mais porteuse d'idéal, juste aventureuse, une goutte d'aventure, un soupçon de passion, le désir d'avancer vers quelque chose de nouveau, d'associer l'électorat à la découverte de cette chose nouvelle, se vouloir pionnier social, explorateur de contrée inconnue, chercheur en innovation, inventeur et inventif.

Les hommes politiques qui pensent la société future et envisagent ses évolutions sont attirés par le rêve, mais ils s'arrêtent à ses bords, ils le refusent, ils estiment que la crise, que les difficultés, que les lourdes menaces de fracture ou d'explosion sociale imposent de parler-vrai, de parler-gris, de parler-triste, d'être ennuyeux, donc sérieux, d'expliquer la crise, d'en être les pédagogues, de ne jamais s'indigner, surtout de ne jamais s'indigner par peur de réveiller cette France désabusée qu'ils consultent, par sondage, en lui prenant la main, lui parlant, doucement, comme Edouard Balladur. Leurs mots et leurs programmes ne sont plus des projets ambitieux mais de simples explications. Les hommes politiques, déguisés en professeurs de la crise, abandonnent doucement la politique et laissent aux démagogues les rêves dissipés d'une France désabusée.

TROISIÈME PARTIE

Les rêves dissipés

Chapitre Premier

LE PARLER-VRAI TUE LE RÊVE

– Monsieur le Président, vous est-il arrivé, depuis que vous occupez vos fonctions, de mentir ?

– Non... (Un temps de réflexion.) Ou plutôt... il m'arrive de ne pas dire toute la vérité, d'en cacher une partie, donc oui, j'ai menti et je continue de mentir par omission.

J'imagine un président français, un grand homme politique français, répondant ainsi à ma question. J'imaginais, en écoutant le président Vaclav Havel m'avouer qu'il mentait – c'était à Prague, quelques mois après son élection –, Mitterrand ou Giscard, Chirac ou Balladur, Jospin ou Barre, me dire des mots semblables. J'imaginais...

l'inimaginable. N'avoue jamais. L'homme politique français n'avoue jamais que, parfois, comme tout le monde, plus que tout le monde, il ment, il est obligé de mentir.

L'aveu serait, pour lui, la reconnaissance que la politique, suspectée par l'opinion, n'est effectivement qu'un tissu de mensonges. Alors, il se tait sur ses mensonges, mentant ainsi par son silence. Il se protège et se justifie – mais qui le lui demande? – en se faisant le militant, l'apôtre, le vulgarisateur du parler-vrai, cette forme creuse du discours politique qui sous-entend que le parler-faux était autrefois de mise.

L'homme politique a peur du mensonge comme de son ombre. Bien sûr, il ment pour se protéger, pour exercer sa « volonté de conquête ou de préservation du pouvoir », définition que donne Valéry à la politique, il ment pour esquiver les critiques, atténuer ses fautes, différer l'heure des comptes, des bilans, les enrober, pour séduire aussi. Heureusement qu'il ment, qu'il n'est pas ce chevalier blanc habillé de perfection, grand prêtre laïc de la vertu. Oui mais, Mendès France... Oui, Mendès ne mentait pas, il est le contre-exemple élevé en exemple. Mendès était exemplaire mais il n'a gouverné que quelques mois, et reste un regret. Le destin d'un homme politique n'est pas le regret éternel, alors il ment, pour survivre en politique, et l'opinion le sait, et lui, sachant qu'elle sait, s'enfonce dans le mensonge en jurant ne jamais en commettre.

Le parler-vrai, croit-il, est la preuve de son incontestable bonne foi, il n'est qu'un artifice verbal, qu'un tablier sous lequel il cache ses fautes, ses arrière-pensées, ses calculs, ses stratégies, les vrais chiffres et les vrais bilans.

Si le parler-vrai était pris au pied de chaque lettre, quel serait aujourd'hui le discours des politiques ?

Edouard Balladur dirait que sa politique menée contre le chômage de longue durée n'a pas atteint ses objectifs, qu'il le regrette mais fera mieux, plus tard. Il aurait avoué, lors de sa déclaration de candidature, qu'il devait tout faire pour aider Jacques Chirac à parvenir à l'Elysée, mais que le goût du pouvoir, les sondages et l'ambition l'ont conduit à changer d'avis, ce qui en soi se comprend.

Jacques Chirac reconnaîtrait, publiquement, qu'il a trahi Chaban-Delmas en 1974, qu'il a fait voter Mitterrand en 1981 pour embêter Giscard, qu'il n'a cessé, depuis, d'osciller entre le libéralisme reaganien et le travaillisme à la française.

Lionel Jospin et la gauche — pauvre gauche — se présenteraient, devant l'opinion, la corde au cou, implorant à genoux le pardon, la rémission de leurs péchés et l'indulgence pour tous leurs reniements.

Et François Mitterrand aurait dévoilé, avant 81, sa stratégie d'union de la gauche conçue pour étouffer ses partenaires communistes. Dans un tout autre registre, il n'aurait pas attendu le crépuscule de son pouvoir et de sa vie pour raconter, publiquement, ses liaisons troublantes avec René Bousquet.

Ainsi serait le vrai parler-vrai. Or personne ne l'exige, personne, du moins chez ceux qui connaissent la politique et en acceptent les règles, ne demande aux hommes politiques de s'exposer tout nus devant le peuple. La part de secret, le mensonge par omission, l'interprétation des faits, l'habillage des bilans, tout cela est admis comme faisant partie du jeu politique.

Le parler-vrai est donc un leurre, un mensonge conceptuel qui voudrait prouver la bonne foi de l'homme politique et ne fait qu'exprimer son désarroi : *si je mens, je vais en enfer, alors je dis que je ne mens pas.* Seul problème : il n'est pas cru. Conséquence : le parler-vrai accroît la suspicion. Elevé en règle d'or du discours politique, il se retourne non seulement contre l'homme politique, qui l'invoque à tout bout de champ, la main sur le cœur, mais aussi contre la politique, la politique prospective, la grande politique, celle qui fait appel à l'imagination.

Rêve. Joli mot. Longtemps caressé par la politique, elle le rejette aujourd'hui et s'en méfie comme de la peste. N'est-il pas synonyme d'irréalité donc de contre-réalité, de contre-vérité ? Pour l'homme politique, qui tremble à l'idée de se faire prendre en flagrant délit de mensonge, le rêve, l'expression d'un idéal rêvé, disparaît ou s'estompe du discours. Bien sûr, l'homme politique se doit de tenir compte des réalités et des évidences concrètes. Bien sûr, il est obligé de raisonner sa politique et d'envisager l'avenir dans un cadre réel, en tenant compte des obstacles et des blocages. L'électorat ne lui demande pas de se lancer dans des divagations et des extrapolations fumeuses, déconnectées du réel. Mais l'exercice obligé qui consiste à rappeler, sans cesse, les difficultés structurelles et conjoncturelles, à énumérer la liste des résistances sociales, à mettre en avant et en valeur les lourdeurs, les freins, les pesanteurs, cet exercice revient à la fois à limiter l'imagination et à excuser, par avance, la maigreur des résultats futurs et la timidité des réformes qui seront mises en place.

Le parler-vrai, quand il s'essaie à la prospective, est alors d'une consternante platitude et d'une prudence frileuse. Evoque-t-il, au détour ou au début d'une phrase, l'espoir, le rêve ou l'optimisme, qu'immédiatement il se reprend, troublé de tant d'audace.

« Il faut cesser de broyer du noir », dit par exemple Edouard Balladur qui aussitôt enchaîne : « en gardant cependant les yeux ouverts et sans faire de promesses inconsidérées [1]. » Imagine-t-on de Gaulle, dont

---

1. Interview au *Journal du dimanche* du 22.1.1995.

Edouard Balladur se réclame, parler ainsi ?... C'était, il est vrai, à une époque où la croissance économique et la dynamique sociale facilitaient et excitaient l'inventivité politique. C'était le bon temps de la politique. Les temps ont changé. Ils sont à la pondération, cette forme soporifique du parler-vrai.

Pon-dé-ra-tion. Les quatre syllabes semblent rythmer et rappeler à l'ordre le discours politique. Attention aux dérapages, aux embardées verbales, aux promesses ambitieuses ! L'espoir et le rêve, inscrits dans les programmes, doivent désormais porter une mention obligatoire : « à consommer avec mo-dé-ra-tion ». C'est le retour à la prohibition, cette fois appliquée à la politique. Trop d'ivresse, trop d'excès, trop d'utopie – trop de déception donc – ont abouti à contingenter le rêve. Sans doute est-ce raisonnable. Sans doute le parler-vrai est-il l'antidote au parler-irréel. Mais il faut se méfier des excès inverses, de l'ultra-réalisme, de l'ultra-raisonnable qui, à force de regarder en face, avec les yeux écarquillés, les problèmes du jour et les difficultés, provoquent une cécité chronique et empêchent de voir et de prévoir l'avenir.

L'homme politique n'est pas une voyante. Il n'a pas à pré-dire. Il a à anticiper. Et l'anticipation n'est pas uniquement l'utopie, elle peut s'aventurer — le mot déjà fait peur — sur des terres inexplorées, dans des voies inconnues et faire partager à l'opinion ce goût excitant pour la découverte, pas la folie des illusions, ni le mensonge d'un monde meilleur, mais autre chose, cette autre chose qui élève la politique, l'oblige à se remettre en cause, à rompre avec son confort, à briser les carcans qui serrent sa pensée, à inventer.

Pour agir et réfléchir ainsi, et provoquer l'adhésion à son action réfléchie, l'homme politique doit aller au-delà du parler-vrai, dépasser le cadre réel et avancer, de quelques pas, dans l'imaginaire. Il s'y refuse. Par peur.

Frappé de défiance, il se retranche dans le concret pour prouver son sérieux, et limite son audace par crainte, en cas d'échec, d'une réaction sociale ou d'une sanction électorale.

Le parler-vrai est perçu comme une forme de courage verbal — dire vraiment ce qui est, sans rien cacher —, il n'est souvent qu'un refuge où la politique se meurt, s'épuise à réciter, et réciter encore, et toujours, les énoncés des simples vérités sociales et économiques.

Comment s'étonner, alors, que le meilleur, dans cet exercice – exercice qui est, aujourd'hui, toute la politique –, soit Edouard Balladur? Certes, il envisage des réformes, et il a prouvé par ses écrits [1] son envie de réformer. Mais ses projets de changement ont peu à voir avec la politique imaginative, donc risquée, que la dégradation sociale impose. Edouard Balladur est un « aménageur » de la société plus qu'un réformateur de la société. Il suffit de l'entendre, d'écouter son phrasé calme et tranquille, son parler-vrai qui, sans cesse, pondère son désir de réformes. Balladur ne fait pas rêver. C'est le label qui fait sa gloire, puisque le non-rêve est considéré, en ces moments étranges de pondération, comme la forme achevée d'une grande politique. C'est aussi son problème le plus crucial quand il lui faut « susciter l'espoir, faire partager l'espoir [2] », condition indispensable

---

1. Edouard Balladur, *Dictionnaire de la réforme*, Fayard, 1992.
2. Interview au *Journal du dimanche* du 22.1.1995.

à la réussite d'une grande politique et à l'acceptation de réformes forcément difficiles.

Comment s'étonner que la gauche, dans ce registre du parler-vrai, soit, elle, la plus mauvaise ? Sa participation au pouvoir lui a remis les pieds sur terre – ce qui n'est pas un mal, tant elle les avait ailleurs –, mais la voici bloquée, chargée de ses erreurs, éprouvant des difficultés à doser son discours entre rêve et réel. Jack Lang était trop enclin à bâtir des chimères. Lionel Jospin cherche le juste équilibre.

Au soir de sa désignation comme candidat socialiste, la musique de Jean-Louis Aubert accompagnait son entrée dans la salle des fêtes d'Alfortville, où les militants tenaient banquet. « J'ai rêvé d'un autre monde », hurlait la sono... Jospin peut-il faire rêver d'un autre monde ? La gauche a-t-elle envie de rêver d'un autre monde ? et de quel autre monde ? L'espoir qui a suivi l'élection de Lionel Jospin à la candidature est un espoir électoral, celui, inattendu depuis l'abandon de Delors, de bien figurer dans la présidentielle. Mais le reste est à reconstruire en faisant preuve de cette imagination pionnière et créatrice qui ouvre la porte, au-delà d'une échéance électorale, vers une politique résolument nouvelle, conciliant les mesures concrètes et les propositions rêveuses.

Jospin en est-il capable? Il s'y essaie. Il est habité d'une authentique passion, bien qu'elle manque de chaleur. Il est porté par une nouvelle espérance collective mais il est trop tôt, en cette fin février où je relis mes lignes, pour savoir s'il parviendra à ressusciter la part du rêve et à effectuer le bon dosage, pour connaître ses propositions et juger de leur inventivité. On verra. Jospin hérite d'une gauche mal à l'aise, compliquée et empesée, si peu ingénieuse. Qu'elle est triste cette gauche fatiguée par ses années-pouvoir! Et qu'ils sont ennuyeux tous nos hommes politiques!

Pourtant, sans chercher trop longtemps, il y a, ici et là, à droite et à gauche, des personnalités, des clubs, des cellules de réflexion – l'une, d'ailleurs, s'appelle « REVE [1] » –, des amicales qui apportent un peu d'air et décoiffent les discours. Bernard Kouchner est intéressant, au parler-vrai il sait ajouter la fougue; dommage cependant

---

1. Réflexions Engagement et Visions pour l'Europe, présidé par Olivier Duhamel.

qu'il s'en allât, en pleines européennes, embrasser Tapie, chiffonnant son image. Martine Aubry ne manque pas d'idées neuves et sa participation au débat réveille bien la gauche. François Bayrou, à droite, ou au centre c'est tout comme, réussit à ôter la poussière du parler-vrai majoritaire. Simone Veil, Julien Dray, Jean-François Deniaux, Dominique Strauss-Kahn, François Baroin et d'autres, moins connus, moins engagés publiquement, participent à la rénovation du langage et aux réflexions qui s'engagent sur l'avenir. Ils ont compris que la politique doit se secouer, se rénover, rêver à nouveau, faire rêver à nouveau, sans pour autant sombrer dans les fantasmes d'hier.

En attendant, malgré l'exemple et les initiatives de ces hommes et de ces femmes, le parler-vrai continue à étouffer la politique, à la limiter à son expression la plus simple. Elle s'arrête devant les portes de l'imagination, sur le paillasson du parler-vrai où elle essuie, imprudemment, ses rêves, les confondant avec les salissures des vulgaires mensonges.

Chapitre 2

AU CHEVET DU MALADE

Le bon docteur Balladur a fait école. En ne cessant de répéter, à voix basse, que la société était trop souffrante pour supporter le moindre électrochoc, il a réussi à convaincre l'ensemble des « praticiens ». La politique est, aujourd'hui, une médecine douce. Elle prescrit par petites doses, une goutte de ceci, un cachet de cela à prendre midi et soir... et vous verrez, ça ira mieux demain.

« Ça ira mieux demain » pourrait être la devise de la classe politique recueillie au pied du lit de la République malade, peuplée de citoyens perclus de rhumatismes. La politique ausculte, diagnostique et consulte. Ses programmes sont des ordonnances. Ses mesures, des remèdes. Ses électeurs, des patients. « Ça ira mieux demain » devient alors l'unique message d'espoir.

La politique, telle qu'elle est pratiquée, se limite à ce rêve. Un rêve minimal et bien ordinaire. N'importe lequel des hommes politiques, normalement constitué, s'efforce de veiller, par ses décisions prises, à améliorer le sort de ses concitoyens. Ce rêve – « ça ira mieux demain » – n'est en fait que l'aspiration de toute politique ; quelle que soit sa couleur, elle existe et s'applique pour prendre en charge les problèmes, tenter de les résoudre et répondre ainsi à l'attente légitime de la collectivité.

Cette finalité de la politique est d'une telle évidence, d'une telle réalité qu'elle ne peut, en fait, prétendre à se transformer en rêve. Si elle y parvient, c'est que le corps social est persuadé qu'il est atteint d'une grave maladie. Or ce rêve, dit de guérison, est fondé sur une coupable erreur de diagnostic.

Car la société, en fait, n'est pas malade. Elle est déréglée. La crise, l'exclusion, le chômage, la délinquance, la perte progres sive des acquis sociaux ne sont pas les symptômes d'une maladie mais les conséquences de dérèglements économiques identifiés. Ces dérèglements échappent, parfois, aux dirigeants, d'où la tentation d'excuser leur déficience probable en traitant le corps social en grabataire de la crise, en victime d'un mal sournois.

On lui parle – parler-vrai – comme à un malade qui exige la vérité sur l'ampleur du mal qui le ronge. On lui tapote gentiment la main, on le rassure, on lui explique, doucement, sans jamais élever la voix, que tout cela est bien désolant, mais qu'il lui faut garder espoir car, sans doute... « ça ira mieux demain ». Et on se garde d'aller plus loin dans le discours, d'anticiper au-delà du lendemain, de faire rêver à autre chose qu'à un début de guérison. Le faire rêver serait lui mentir. Et on ne ment plus aujourd'hui à un malade. On a le courage de lui dire la vérité.

L'homme politique – adepte du parler-vrai – croit qu'il agit pour le bien de l'opinion en lui parlant ainsi. Il le croit car il est sincère. C'est avec sincérité qu'il se trompe en confondant les genres : la politique et la médecine, le mal-à-l'aise social et la maladie de la société. C'est avec sincérité qu'il persévère dans son erreur de diagnostic et estime que la société est trop affaiblie pour se ressaisir. Et c'est avec sincérité qu'il s'interdit toute audace, de peur d'aggraver le mal. Résultat : l'homme politique, persuadé qu'il a raison d'agir de cette manière, prudente et médicale, convainc l'opinion de la gravité de la maladie et la prédispose à entendre d'autres étranges et inquiétants médecins qui se précipitent à son chevet.

Ceux-là sont des charlatans, des populistes pour revenir au vocabulaire politique. Ceux-là ne sont pas sincères, ils profitent de la situation. Les « remèdes » des politiques n'étant pas toujours d'une grande efficacité, du moins d'une efficacité perceptible, les charlatans populistes proposent leur potion. Le sirop qu'ils mettent en vente n'est jamais amer, mais agréablement sucré. D'où la tentation. Pourquoi ne pas le prendre ? Quel mal y aurait-il à y goûter ? Si l'homme politique sincère, s'exprimant en médecin, ne parvient pas à guérir, la voie est laissée libre aux guérisseurs et aux rebouteux, à Tapie et consorts, à tous ces Diafoirus de la médecine-miracle qui posent leur plaque, et récupèrent l'électorat déçu par la prescription politique.

Au chevet du malade

Quand un médecin échoue dans son traitement, c'est qu'il est un mauvais médecin. Et le patient le quitte.

L'entrée de la politique en médecine est une erreur lourde de conséquences à venir. Déjà, des mots s'écrivent, se disent. Des mots empruntés à l'allégorie médicale qui ressemblent à d'autres mots, inscrits sur les pages les plus noires de l'histoire. « Infection ». « Désinfection ». « Gangrène ». « Amputation ». La différence d'appréciation entre la notion, reconnue, de corps social malade et celle, non encore reconnue, de corps social infecté est relativement faible. S'il y a maladie, c'est qu'il y a infection, nécessité de désinfecter, de lutter contre la gangrène en amputant un ou plusieurs membres. Quels membres ? Quelles composantes de la société sont déclarées coupables d'envenimer l'infection ?

Ces questions, progressivement, pointent. Les extrémistes s'en emparent pour expurger la société et raviver le racisme social et le racisme tout court. Le chômeur et l'exclu deviennent suspects. L'étranger est montré du doigt. Il faut purifier – purification ethnique et purification sociale. Il faut éradiquer le mal, puisqu'il y a mal, en forçant le système démocratique accusé de laxisme, en fermant les frontières, en expulsant les immigrés, en mettant, de façon autoritaire, les chômeurs au travail. Les insinuations s'avancent et progressent. Les rêves de purification reviennent sous d'autres formes, avec des mots atténués, mais avec le même sens, avec la même volonté purificatrice qui s'affirme au nom de la médecine politique, pour le bien du corps social prétendument infecté.

Je ne cherche pas ici à rendre coupable la classe politique, collectivement éprise d'idéal démocratique, de la montée des extrêmes et des intégrismes. Les grands dérèglements du monde, qui lui échappent, ont la part essentielle de la responsabilité. Mais le rôle du politique – fût-il infime, ce que je ne crois pas – est de lutter contre les périls les plus menaçants. Or, en s'agenouillant au chevet du malade, la classe politique n'a fait qu'accroître ces périls. Elle a laissé envisager que le système, malade, pouvait mourir de sa maladie, livrant ainsi le corps social aux médecins légistes de la démocratie.

Revêtu de sa blouse blanche, le dirigeant ou l'opposant politique pensait, pourtant, se protéger et protéger le corps social. En sa qualité nouvelle d'homme de science et de savoir, s'il décrète la maladie sociale, il implique que sa tâche est difficile, qu'il faut ne faire confiance qu'à ses talents de responsable politique patenté, et ne pas lui en vouloir en cas de tâtonnements ou d'échec, puisque c'est difficile. Le raisonnement n'est pas stupide, il semble se tenir d'autant plus que la démarche qui le sous-tend est sincère. Ainsi le bon docteur Balladur, parfait dans le rôle, parvient-il à convaincre que sa méthode est bonne. Il bénéficie de la confiance. Il a l'image respectable du médecin de famille. Il est précautionneux, tâte régulièrement le pouls de ses citoyens-malades, promet une légère amélioration et s'engage, ainsi, à obtenir des résultats concrets à hauteur de l'espoir modeste et raisonnable qu'il a suscité.

C'est la contrepartie du tout petit rêve – « ça ira mieux demain » – il doit, vite, déboucher sur le réel. Plus l'espoir est limité, plus l'exigence est grande. Michel

Rocard, à Matignon, en fit la cruelle expérience.

A l'inverse d'Edouard Balladur, Michel Rocard avait la réputation de faire rêver. Parmi les hommes politiques, il était l'un des rares à marier le réel au rêve. Un homme de gauche, idéal en somme, qui corrigeait l'image négative de la gauche sans rien ôter à ses charmes. Et le voici, arrivé à Matignon en 1988, qui revendique un « devoir de grisaille », qui ne parle plus de l'avenir, qui ne l'envisage plus, qui avance la tête dans le guidon, qui est triste, désespérément triste, qui, à son tour, se fait médecin à moins que ce ne soit professeur – ce qui revient au même –, il enseigne la crise, comme le médecin expose son diagnostic, il explique – petit un, petit deux, petit trois – pourquoi cela va mal.

Alors, Rocard, si prometteur, ne promet rien ou peu. Et parce qu'il ne promet rien ou peu, l'opinion attend tout. D'où l'énorme déception à l'annonce des maigres résultats.

En se présentant en expert de la crise, en démontrant qu'il en connaissait les origines et les difficultés extrêmes, Rocard a laissé croire que la crise, identifiée par lui, allait se résoudre. Qu'attend-on d'un excellent garagiste qui a trouvé la panne ? Qu'il répare la voiture. Qu'attend-on d'un grand médecin qui a diagnostiqué le mal ? Qu'il guérisse le malade. Qu'attendait-on de Rocard qui prouvait sa maîtrise en matière de crise ? Qu'il en démonte tous les rouages et remonte la machine.

Michel Rocard, Premier ministre, n'a donné que la moitié de lui-même. Il fut technicien et praticien au lieu d'être, aussi, à parts égales puisque son ambition était présidentielle, ingénieur de bureau d'études et chercheur de solutions sociales. Des premiers, les techniciens-praticiens, les Premiers ministres ordinaires, le public réclame des réalisations rapides et concrètes. Des seconds, les ingénieurs-chercheurs, les Premiers ministres présidentiables, le public attend des réflexions, des tentatives, des idées, de l'imagination, du rêve ; rêver l'avenir pour le deviner, l'envisager, le dessiner à grands traits, et le préparer.

La politique, avec quelques nuances dans les dosages selon qu'elle soit de droite ou de gauche, est l'alliance des deux : une part de pratique et une part d'imagination. Sans l'une, elle délire. Sans l'autre, elle administre. Rocard s'est contenté d'administrer, de faire ce minimum administratif nécessaire qui est, curieusement, le travers des gouvernements de crise. Il a cru que les citoyens – étiquetés malades – ne voulaient pas entendre parler d'autre chose que de la crise. Or ils la connaissent pour la vivre. Ils ne délèguent pas leur pouvoir à des hommes politiques pour les écouter se plaindre des difficultés qu'ils rencontrent. Ils n'attendent pas de la classe politique qu'elle fasse l'inventaire des supposées maladies qui les accablent. Ils sont les citoyens-actionnaires d'une grande entreprise qui traverse une période délicate et continue, malgré tout, à fabriquer des modèles sociaux périmés. Alors ils exigent, légitimement, que le conseil d'administration, tout en administrant, développe ses unités de recherche et invente.

A-t-on déjà vu une entreprise qui, voulant résoudre ses problèmes de développement, investirait uniquement dans son infirmerie ?

Chapitre 3

RALLUMEZ LA LUMIÈRE!

Il est le vieil homme indigné.

Quand il me reçoit dans son petit appartement de banlieue, au dixième étage d'une tour grise proche du périphérique, l'abbé Pierre me montre la vue qu'encadre sa fenêtre. L'autoroute coule le long de la Seine, l'autre rive est bordée par une rangée d'HLM, au loin Paris se laisse deviner derrière une longue barrière de bâtiments d'usine dont les toits dessinent les dents d'une scie. Le spectacle a les couleurs et la dureté d'une toile d'Antonio Saura, le peintre du noir, ou d'un cliché de Brassaï, le photographe de la nuit. Tout est triste, de sa fenêtre. Pas pour lui. « C'est beau, n'est-ce-pas ? » Ses yeux regardent l'usine. « Il y a des gens qui ont un travail, tant que les cheminées de l'usine continueront de fumer, ils pourront loger leur famille. »

Vu comme ça, c'est beau. L'abbé Pierre regarde la vie comme ça. De l'hiver 54 à l'hiver 95, des bidonvilles de Nanterre à la rue du Dragon, il se bat pour que les exclus, les chômeurs en fin de droits et les sans-domicile fixe puissent regarder la vie comme lui, avec son optimisme mystérieux et chevillé à l'âme, pour qu'ils réagissent, s'indignent et que l'indignation gagne la collectivité.

« Quel est votre rêve ? – Mais c'est Dieu, c'est de mourir pour être auprès de lui. » Tout le monde n'est pas habité par Dieu. Tout le monde ne rêve pas de mourir. L'abbé Pierre n'est pas exemplaire par son rêve divin, sublime et profondément intime, il l'est par son énergie incroyable – croyable pour celui qui croit –, par sa force et la puissance mobilisatrice de son indignation. Il l'est par ses actions concrètes. Lui, l'homme d'Eglise et de prière, de l'immatérialité spirituelle, est exemplaire, pour la société laïque, par son pragmatisme, par sa détermination acharnée à transformer le rêve de mieux-vivre et vivre décemment en réalité palpable et terrestre.

L'abbé Pierre a fait de l'indignation une force politique. En ce sens, au-delà des croyances, il a donné l'exemple.

Matérialiser le rêve!... L'incarnation du rêve tangible se retrouve chez un prêtre qui ne rêve qu'à l'Invisible, Dieu. C'est étrange et éloquent. Qui s'indigne aujourd'hui? Quelle collectivité, quel parti politique pousse l'indignation jusqu'à enfoncer les portes du rêve, le rendant accessible? Il y avait les syndicats, ils sont exténués et exsangues. Il y avait le parti communiste et son formidable cri, il est enroué. Il y avait la gauche, toute la gauche, qui protestait contre les injustices, rêvant de justice, d'égalité, d'idéal, elle s'est compromise. Il y avait la droite populaire, pas populiste mais noblement populaire, la droite gaulliste appelant à relever les têtes, la droite sociale et partageuse, elle s'est dissoute en héritage. Il y avait le peuple, surtout le peuple qui s'indignait sans cesse, qui manifestait, descendait dans la rue, exigeait tout et encore plus des politiques, des partis, des syndicats, du pouvoir, le peuple de gauche qui célébrait le 1er mai, le peuple des jeunes qui barricadait la rue Gay-Lussac, le peuple de droite qui déferlait sur les Champs-Elysées. Le peuple s'est, en apparence, calmé.

Au moment où les menaces se font les plus grandes, le peuple se serait donc arrêté de marcher. Et la politique, qui le sonde sans cesse et observe, avec une prudente obéissance, ses intentions, se persuade, chiffres et résultats de sondage en main, qu'il s'est arrêté de marcher, qu'il ne s'indigne plus, et elle marque le pas. La politique désormais à la remorque du peuple s'arrête à son tour. Et commet la faute.

« Je ne quitterai sans doute l'indignation qu'avec la vie. C'est le revers même de l'amour », écrit André Gide. L'indignation s'estompe, change de forme, mais ne disparaît pas, tout comme, jamais, le rêve ne disparaît. Elle n'a pas la même lisibilité qu'autrefois, la même visibilité. Elle est différente et imprévisible. Elle ne s'exprime plus ou de moins en moins à travers des formations politiques parce que celles-ci n'ont pas su la voir ni la sentir venir. Alors la dérive s'accroît, et les indignés quittent les politiques pour s'en aller vers l'abbé Pierre, l'homme qui rêve à l'Invisible, vers les associations qui militent pour le droit au logement, vers les Restos du cœur, vers Act Up, vers des collectifs, vers les humanistes-humanitaires, vers les écologistes rangés en formations, vers d'autres chapelles, d'autres banlieues, vers, pour la plupart, pour l'écrasante majorité des indignés, nulle part.

Il y a, en France, des millions d'indignés en liberté, hors des partis et des organisations syndicales, qui gardent leur révolte pour eux, ne la traduisent plus politiquement et la couvent.

Le peuple ne s'est pas arrêté de marcher, il n'a pas réduit ses exigences, il n'a pas renoncé à ses rêves; s'il ne défile plus, à date fixe, de la Bastille à la Nation, s'il ne pointe plus dans les meetings, c'est parce qu'il a la conviction que cela ne sert à rien, c'est qu'il est à la fois conscient de l'ampleur des problèmes à résoudre et déçu de la manière dont ceux-ci sont digérés et différés par ses représentants.

Le peuple ne recule pas. Il n'a jamais été

aussi présent, mais il n'est plus « endigué » par les politiques et les centrales syndicales qui se contentent de le suivre. Le peuple est un fleuve immense, sans digue, qui menace de déborder. Sa colère est, pour l'instant, contenue, d'où cette apparence de tranquillité, mais contenue par lui-même, individuellement par chacun, comme une émotion forte que l'on garde pour soi, par pudeur, jusqu'au jour où elle se fait envahissante et éclate.

L'émotion est la nouvelle expression de l'indignation, la plus difficile à entendre, puisqu'elle est, par définition, affective et sensible. L'émotion trouble, elle peut être paralysante – être paralysé par l'émotion – ou agitatrice, accélérant le pouls social – palpiter d'émotion –, et elle est imprévisible dans son passage d'une phase à l'autre.

L'émotion sociale est, aujourd'hui, dans sa phase paralysante. Parfois elle s'exprime et déclenche une crue momentanée. Elle soutient l'abbé Pierre, le vieil homme émouvant. Elle jette dans la rue des dizaines de milliers de personnes, bouleversées par la profanation d'une tombe juive à Carpentras, qui manifestent spontanément, contre le racisme et l'antisémitisme. Elle mobilise des milliers de jeunes, troublés par le CIP ou le rapport Laurent, émus par cette légèreté avec laquelle on les traite. Puis l'émotion se calme. On croit alors qu'elle retombe, que le peuple s'arrête de marcher et rentre chez lui, dans ses pénates, dans ses maisons, dans ses universités. La vision de ce peuple bien sage est rassurante mais myope.

Il est commun de dire que les grands drames n'empêchent pas la bonne conscience universelle de dormir tranquillement sur ses deux oreilles. Rwanda, Bosnie, chômage, exclusion, les images et les témoignages du 20 heures attiseraient les émotions mais elles seraient passagères, de courte durée, vite épuisées. On en voit pour preuve l'absence de forte mobilisation. On défilait contre la guerre du Viêt-nam et pour les travailleurs de Lip. On ne défile pas – pas en grand nombre – contre la guerre civile en Bosnie et pour la préservation des acquis sociaux. L'époque a changé, la chute des idéologies, la peur du chômage, la perte d'influence des syndicats et des partis, etc., toutes ces raisons liées ont modifié les formes d'expression de la protestation. Elle ne s'extériorise plus. Elle est intériorisée, enfouie dans le corps social agité de tous ces fragments d'émotions multiples qui s'accumulent et s'additionnent.

Les drames, collectifs ou individuels, ne sont pas oubliés et, vite, digérés, mais leur nombre et la rapidité brutale de leur exposition posent un simple problème de choix. Quelle cause choisir? Quel combat sélectionner parmi tous les combats qu'il y a à livrer? Quel rêve l'emportera sur les autres rêves?

C'est, dans une démocratie, le rôle des hommes politiques et des partis d'effectuer une sélection et de traduire en termes politiques – et surtout pas populistes – telle ou telle émotion exprimée par l'abbé Pierre, par diverses associations, par les intellectuels, par tous ceux qui la réveillent et la livrent aux politiques. A eux de la reprendre en charge, de la définir en lui donnant une finalité politique, de la « travailler » politiquement.

« Travailler » politiquement une émotion, ce n'est pas la récupérer à des fins électorales en réquisitionnant, par exemple, trois immeubles à Paris pour loger les SDF; c'est élaborer une vraie politique du logement et de lutte contre l'exclusion. Pas facile. Qui a dit que la mission du politique était aujourd'hui une agréable sinécure?

« Travailler » politiquement une émotion, ce n'est pas davantage tout faire pour la minimiser, la réduire et la relativiser en moquant – par exemple sur la Bosnie – l'inconscience des rêveurs, la sensiblerie des émotifs.

Nous sommes tous devenus des émotifs et des rêveurs, des écorchés de la crise et des guerres, des aspirants à autre chose. Et la politique poursuit dans ses mêmes directions, jette un œil parfois sur quelques mouvements de foule, puis repart aveugle dans ses certitudes, les certitudes de la pratique politique, du cynisme, de la raison économique ou internationale dont elle bourre les crânes, croyant calmer ainsi les douleurs et les émotions, et éviter qu'elles n'explosent et ne se transforment en combat.

Les combats lui font peur. Elle les redoute, les confond avec les émeutes et les désordres, les voit dirigés contre elle, mais qu'est-ce que la démocratie vivante sinon les combats permanents? Qu'est-ce que la démocratie sinon une permanente exigence ?

Une démocratie qui ne combat pas meurt. Une démocratie qui ne rêve plus meurt. Combat et rêve sont indissociables. Appeler au rêve, c'est rétablir le combat. Rêver la paix en Bosnie, c'est se battre pour elle. Rêver d'une meilleure harmonie sociale, c'est se battre contre l'exclusion. Rêver d'une société plus humaine, humanisée – plus belle pourquoi pas –, c'est prouver sa force de combattant déterminé et acharné, sa vigilance extrême qui ne concède rien ni ne lâche sur rien.

Les combats ne sont pas dirigés systématiquement contre la politique – faut-il qu'elle soit bien affaiblie et se sente coupable pour se voir dans ce rôle de l'assaillie –, ils ne sont pas dirigés contre elle mais l'appellent à y prendre part. *Battez-vous entre vous, opposez vos rêves, débattez de vos rêves, brisez ce consensus mou qui vous étouffe et nous étouffe.*

Ces combats sont les battements de cœur de la politique et les signes de sa vitalité. Plus ils sont violents, plus elle est vivante. Plus les rêves et les idées se heurtent, plus elle avance et entraîne, dans sa dynamique, l'opinion prête à se passionner de nouveau pour un débat puissant, nourri d'indignations, de projets, de contre-projets, et de réponses contraires, de refus d'abdiquer la pensée et l'intelligence.

Or les seuls combats qui se livrent dans le pré carré politique réduisent la politique à des querelles partisanes et familiales, d'où la majorité des électeurs se sent exclue.

A droite, il y a des différences qui s'affirment, des clivages réels qui se forment sur l'Europe, sur la fiscalité ou la manière de combattre le chômage, mais qui peut prétendre que l'électorat, toutes tendances confondues, va renouer avec la politique, retrouver le goût de se battre et de rêver, en contemplant un spectacle qui se joue sur le seul côté droit de la scène ?

Le bouillonnement qui agite la droite en surface n'est fait que de petites bulles qui donnent l'illusion d'un retour aux grands débats d'hier.

C'est de la gauche que la provocation doit venir. C'est la gauche qui, par nature, doit initier le rêve, laissant ensuite la droite combattre ce rêve et la politique retrouver ainsi son animation naturelle. La gauche n'a plus envie de rêver. Elle a découvert les réalités du monde, l'impitoyable concurrence et les contraintes internationales qui limitent ses vieux rêves, les rendent dérisoires et périmés. Or la gauche n' « invente » plus de rêves, elle gère son ancien patrimoine égalitaire qu'elle se contente de rafistoler. Elle croit que ses erreurs lourdes, commises au temps où elle campait au pouvoir, lui interdisent de penser d'autres rêves, d'engager d'autres combats. Et elle meurt doucement de cette déduction fausse. Elle refuse la violence de l'affrontement entre les projets. Elle ne s'indigne plus des injustices mais semble les admettre avec fatalité. Elle n'ose pourfendre une politique de droite si proche de celle qu'elle a suivie, et continue de parler de franc fort comme d'un Saint-Sacrement. Redonne-t-on l'espoir en parlant du franc fort ? Quelle autre politique ? Silence. La gauche, depuis des années, fait silence. Elle ne réfléchit plus. Elle ne travaille plus. C'est cela qui lui est réclamé, qui est exigé de son candidat : travailler sur cette politique nouvelle qui emprunterait l'indispensable à la gestion et le nécessaire à l'imagination. Construire, rebâtir, un programme, des idées, du rêve pour redonner l'espérance et la confiance aux plus démunis, à tous ceux fragilisés par la crise, inquiets par la crise, à son électorat qui la regarde, rendant les armes, s'enliser dans la vase consensuelle. À moins que Jospin... Mais le retard de la gauche dans son offensive – si toutefois elle a lieu – contre le consensus ambiant est considérable.

★

Consensus : l'étouffoir des émotions. Il règne tel un poussah assis sur nos rêves. Il prétend établir la paix sociale en signant l'armistice, mais la guerre des idées n'est pas une guerre civile, et l'expression d'un rêve n'est pas une déclaration de guerre. Le consensus mou ne règle rien, il est le plus petit dénominateur commun appliqué à tous les secteurs de la politique, une moyenne, une médiocrité, l'exact contraire de la politique audacieuse et passionnante qui oppose ses conceptions, expose ses divisions et avance. Il prétend faire croire que le rêve est un danger social, un endormissement, alors que le rêve, s'il a pu être mensonge, est aussi une projection à terme, une vision raisonnée des réalités futures, le résultat d'un long travail d'étude et de réflexion politique sur l'évolution de la société, évolution envisagée, heureuse. Le rêve est une tentative de réponse à toutes les indignations qui n'acceptent pas les non-réponses du consensus mou.

Le rêve est une ampoule qui s'allume et évite d'avancer à tâtons dans le noir. Qu'il fait sombre aujourd'hui!

ÉPILOGUE

Le rêve et la mémoire
(entretien avec Elie Wiesel)

Les derniers mots sont à Elie Wiesel, Prix Nobel de la Paix. Je l'ai rencontré plusieurs fois à Paris et à New York pour parler, longtemps. Nos conversations ont accompagné l'écriture de ce livre. C'est à lui de conclure.

Notre dialogue est transcrit en monologue. Le monologue d'un homme de mémoire qui a vécu l'horreur et qui espère toujours. Il parle de rêve, lui, le témoin éveillé. Il appelle au rêve, cette vérité enfouie au fond de nous, combattante du mensonge. Grâce à ses mots qui volent au-dessus des débats politiques, le rêve ne s'arrête pas sur un point final. Il court toujours...

« Oui, je rêve. J'ai toujours rêvé. Le rêve m'a aidé à tenir et même à vivre. Le rêve, ce n'est pas le mensonge ou l'illusion, c'est l'attache à la vérité. Pendant la guerre, dans les camps, je rêvais à la maison et à ma famille. Je fermais les yeux et tout de suite, je me revoyais dans le rêve. J'étais bien dans mon rêve, c'était une sorte de refuge, une promesse d'une vie qui avait été une source de vérité et qui allait – je le rêvais – le redevenir.

Aujourd'hui, je rêve de ces années terribles. Tous mes amis des camps me le disent aussi : ces rêves de la guerre reviennent. C'est peut-être l'âge, la fin du siècle, la peur que la mémoire s'efface... Chaque nuit, je rêve que je suis dans le ghetto ou dans les camps. Et le matin, je me dis : je suis vivant, nous sommes vivants, c'est merveilleux. Mais la vérité est là, autour de nous, dans le monde qui n'a rien appris. C'est ça le vrai cauchemar. Il n'est pas dans le sommeil, dans le rêve devenu cauchemar, il est en état d'éveil. Le monde recule et revient en arrière. Alors, on se rend compte qu'on n'a rien appris, on n'a pas appris le danger du racisme, la laideur du racisme, on n'a pas appris la vérité que contient le regard d'un enfant mourant. On voit des enfants qui meurent de faim, de maladie, de solitude, d'abandon, et on ne réagit pas comme on devrait réagir. On laisse faire.

De temps à autre, on assiste à un sursaut de générosité et de solidarité, alors on accourt. Mais où aller? Par où commencer? Que doit-on faire d'abord? Aider les sans-abri, aller dans les hôpitaux pour être présent auprès des malades du sida, se précipiter au Cambodge ou en Bosnie? On ne sait plus. Chacune de ces causes représente une priorité absolue mais on laisse les organisations humanitaires agir à notre place. On trouve toujours des excuses. C'est cela qu'on n'a pas appris : on cherche des excuses, toujours.

Rêver de ce qui s'est passé pendant la guerre, se souvenir des réalités terribles des années 40, permet d'examiner les vérités d'aujourd'hui et de réaliser qu'il est toujours possible de faire quelque chose. Ce que moi j'ai appris, en étudiant les documents de la dernière guerre mondiale, c'est qu'il était facile d'aider les victimes, pas à l'échelle d'un continent, ni à l'échelle d'un pays, mais à l'échelle de l'individu. Ouvrir une porte, offrir un morceau de pain, adresser un sourire, on pouvait. Accueillir un enfant, lui caresser la tête, lui parler, le garder une semaine, un jour, une seule nuit, on pouvait. Des personnes l'ont fait, des personnes, anonymes, ont eu le courage de le faire par humanité. Mais pourquoi ont-elles été si peu nombreuses ? Des juifs qui se sont évadés du train qui les conduisait de Varsovie à Treblinka ont dû retourner dans le ghetto parce qu'aucune porte ne s'était ouverte.

C'est de cela qu'il faut se souvenir. C'est le cauchemar d'hier qu'il faut garder en mémoire pour combattre le cauchemar actuel et espérer vivre dans un monde plus humain et plus fraternel.

Or, les hommes politiques, aujourd'hui, ne savent pas communiquer l'espérance. Ils ne font pas rêver. Peut-être parce qu'ils ont connu le grand rêve, le socialisme et le communisme, le socialisme qui a été usurpé par le communisme et transformé en laboratoire de cruauté et de mort. Peut-être ?... Les dirigeants des pays démocratiques ne font plus rêver. Qui, aujourd'hui, en Europe, est l'exception ? L'Autrichien Haider, malheureusement. Il fait rêver au nazisme, au retour des privilèges des anciens SS qui avaient le pouvoir de vie et de mort, il dit que Hitler a fait du bien, qu'il y avait du bon dans l'hitlérisme parce qu'il n'y avait pas de chômage en Allemagne. Il fait rêver au paradis nazi et oublie les camps de concentration.

C'est terrible.

Pour casser les rêves de Haider et des fanatiques qui reviennent ou apparaissent, pour briser les rêves de pureté des inté-gristes et des fondamentalistes religieux qui tuent au nom de Dieu, les hommes poli-tiques doivent leur opposer d'autres rêves.

Ils disent, pour se défendre de ne pas rêver, que le rêve est un mensonge. Mais c'est faux. Le rêve, c'est ce qui est refoulé, ce qui émerge. C'est un mouvement de cris-tallisation. Même si on rêve contre la réa-lité, c'est grâce au rêve qu'on identifie les contours de la réalité.

De Gaulle, autrefois, a fait rêver à la grandeur de la France. C'était vrai et c'est toujours vrai. La France est une grande puis-sance autrement que par son territoire ou que par son influence monétaire. La France est une grande puissance culturelle. Au nom de quoi l'écoute-t-on ? Au nom de l'Histoire, au nom du rêve. L'Histoire et le rêve, c'est la Révolution française, c'est Napoléon, des rêves sanglants, mais d'autres rêves existent qui n'appellent pas à verser le sang.

Souvenez-vous de John Kennedy. Il a fait rêver parce qu'il était jeune, parce que sa femme était belle, mais il a créé le *Peace Corps* (l'organisation de la Paix). Il a dit : Je vous demande d'aider les dépossédés, d'aider les déshérités, d'aider les démunis. Quel beau rêve ! C'était un rêve humaniste de grandeur humaine. Un rêve aussi fort que cet autre grand rêve qu'il a donné à l'Amérique : le premier homme qui marchera sur la Lune sera un Américain. Moi j'aimerais entendre aujourd'hui un président dire : le premier homme ou la première femme qui se sentira en paix chez lui ou chez elle, dans son pays, fier(e) de sa paix et fier(e) d'appartenir à ce peuple qui est le sien, sera un Français ou un Belge, ou un Américain, ou un Scandinave.

C'est cela, le rêve politique. Il faut donner à l'être humain toutes les possibilités de s'épanouir, de s'accomplir sans heurter les autres, d'aimer un groupe sans en même temps haïr un autre. L'amour des uns n'implique pas la haine des autres, ni l'exclusion des autres, au contraire, l'amour des uns permet d'accepter les autres et de les approcher. Cela n'a rien à voir avec le sermon moralisateur.

Voici ce que j'aimerais entendre. Mais les hommes politiques veulent projeter une image. Ils sont à l'écoute des sondages. Ils ne dirigent plus, ils sont dirigés. Comment, alors, peuvent-ils faire rêver ? Ils ont même peur de ce mot, ils ont peur du mot « rêve ». Ils pensent qu'un homme politique est uniquement un homme d'action, qu'il y a donc opposition entre l'action et le rêve, que la première est leur domaine réservé et le second celui des poètes ou des écrivains. Mais c'est faux. Ecrire est une forme d'action. Choisir tel mot plutôt qu'un autre est déjà une action. J'écris parce que je n'aime pas l'image qu'on me montre de l'enfant qui s'éteint, parce qu'il y a trop d'enfants qui meurent, parce qu'il y a trop de prisonniers dans les prisons, parce qu'il y a trop de chômage, trop de faim, trop d'humiliation. Ecrire, c'est protester, donc agir. Et agir politiquement, c'est aussi accomplir des actes poétiques. Le voyage de François Mitterrand à Sarajevo est un acte poétique. Willy Brandt à Varsovie, à genoux devant le monument du ghetto, commet un acte poétique avec des implications politiques.

Il y a beaucoup d'actes poétiques qui n'ont pas été accomplis et qui pourraient avoir de grandes répercussions politiques. Par exemple, j'avais proposé, il y a long-temps, deux choses. Aucune, d'ailleurs, n'a été retenue. La première : que les grands de ce monde se rencontrent à Hiroshima pour une conférence nucléaire. Là, on ne peut pas mentir, on est obligé de s'engager. La seconde : qu'une conférence internationale sur les Droits de l'homme se tienne à Auschwitz. Le symbole aurait été considé-rable.

Le problème pour les politiques, au-delà de ces symboles poétiques, c'est de structu-rer le rêve. Peut-on structurer le rêve ? Je ne sais pas. Structurer un rêve, c'est construire une idéologie. Le danger est dans le mot « idéologie ». Notre siècle a été le plus violent et le plus sanglant de l'Histoire parce qu'il a été dominé par des idéologies totalitaires. Comment garder l'innocence de l'idéologie sans qu'elle tombe dans le piège du totalitarisme ? Je ne sais pas. A mon avis, il faudrait poser la question à des poètes, à des écrivains, à des philosophes, à des penseurs. C'est à eux de répondre. J'aimerais que le nouveau président de la République française ou qu'un autre président, ailleurs, leur pose la question, qu'il invite une centaine de poètes, d'intellectuels, de politiques, d'anarchistes, de nihilistes, à un séminaire de trois jours, à huis clos, sans journalistes, sans témoins. Et ce président dirait à ses cent invités : éclairez-moi, peut-on vivre sans idéologie ? Quels sont vos conseils ? Qu'imaginez-vous ?... L'essentiel, c'est d'imaginer les choses. Et moi, je répondrais : l'idéologie ? Je ne sais pas, mais offrez-nous un programme dont les premiers mots seraient : « Voici mon rêve, voici ce qui nous attend et ce que nous pouvons faire pour que ce qui nous attend soit quelque chose de beau et de rédempteur. »

Le choix, maintenant, est entre la rédemption et l'abîme. Regardez ce qui se passe en Russie, ce n'est pas la démocratie qui a succédé au communisme, c'est le chaos. Il n'y a pas de distinction entre le bien et le mal, entre le vrai et le faux. Dans le Talmud, quand Dieu menace de châtiment l'humanité pécheresse, il ne dit pas : « Je vais vous détruire », il dit : « Je vais restituer l'univers à son chaos premier. » La Russie vit dans la confusion. Mais d'autres régions du monde montrent que des hommes ont quand même réussi à infléchir le cours des choses. Ils ont choisi la rédemption et non l'abîme. Je pense à l'Afrique du Sud et à la poignée de main entre le Juif et le Palestinien, à Washington. Là, c'est le miracle. L'espoir.

Il faut inscrire le rêve en tête de chaque programme, puis décider que tout sera mis en œuvre pour empêcher l'humiliation, pour lutter contre l'indifférence – l'indifférence est le non-rêve et la fin de tout processus – et, enfin, accepter l'incertitude. Car l'incertitude, c'est l'intelligence, c'est cette interrogation permanente qui attire et passionne. Il y a des gens, aujourd'hui, qui ont besoin de certitudes, donc de l'absolu. Et l'absolu tombe dans le fanatisme musulman, ou chrétien, ou juif, il récupère Dieu, le change – Lui qui est la pensée, l'amour, Lui qui est tout – en un Dieu laid, un Dieu aberrant, un Dieu farouche qui ne pardonne plus, qui n'assiste plus, qui ne guérit plus.

Cette guerre contre l'absolu est un rêve formidable, un rêve de victoire possible contre l'aveuglement et la laideur. Il incombe aux politiques de créer une ambiance pour mobiliser contre ce fléau car le « fanatisme » en est un. J'aimerais, par exemple, que les dirigeants des pays démocratiques décident que, une fois par an, dans toutes les écoles du monde, une journée entière soit consacrée à étudier la haine, la genèse de la haine, le goût de la haine, la fabrication de la haine, l'amour de la haine et la conséquence de la haine. Pendant une journée, les élèves du monde verraient la mort dans la haine.

Voilà, mon souhait : que la politique dénonce la haine, qu'elle rende le peuple conscient de la puissance de la haine afin que le rêve et l'amour ne disparaissent pas.

Mais tout va si vite, l'homme politique ne prend pas le temps d'être à l'écoute, d'écouter cette poésie populaire qui est là, présente, prête à s'exprimer et qu'aucun sondage ne peut prendre en compte. Il se complaît dans des campagnes électorales médiocres dont la dernière, ici, aux Etats-Unis [1] était vicieuse, méchante, mauvaise. Il n'a plus le temps de convaincre et de faire

---

1. Elections de mi-mandat, novembre 1994.

partager ses rêves. Il presse l'électeur pour qu'il pousse je ne sais quel bouton afin de faire élire monsieur X ou Y.

L'homme politique a perdu l'imagination. Il pense que le rêve ne peut être qu'idéologique, alors que le rêve humaniste s'oppose aux idéologies totalitaires, laissant les individus libres, libres d'adopter le rêve, de l'adapter et de le changer. Un individu peut dire NON au mal, NON à la souffrance et devenir, ainsi, le maître du jeu. L'homme politique n'écoute plus. Son rêve, son unique rêve est de ne pas être battu. Et il passe à côté de l'essentiel, de ces richesses que détient chaque individu.

Les jeunes – je parle d'eux, parce qu'ils sont le monde de demain – sont prêts à s'engager. Un homme politique, une femme politique qui saurait les écouter, leur parler, les faire rêver, les faire sourire, les faire chanter, leur faire adopter certaines règles de comportement, de foi, des règles qui interdiraient l'humiliation et les offenses gratuites, je pense que cet homme politique, ou cette femme politique, serait soutenu par la jeunesse.

Quand je vois mes élèves, parfois je me dis : je suis content de ne pas avoir leur âge.

Que vont-ils faire en l'an 2005 ? Le monde de demain est-il fait pour eux ? Et quand je les interroge sur leur avenir, leur idéal, ils me répondent qu'ils ne savent pas, qu'ils n'ont pas de modèles, que la politique les tient à l'écart comme s'ils n'existaient pas, ils attendent.

Pourtant, ils croient, comme moi, à l'idée de bonheur. Pourquoi les hommes politiques ne leur parlent-ils pas du bonheur ?... »

ANNEXE

*Discours prononcé
par Martin Luther King
à Washington, le 28 août 1963*

Devant des centaines de milliers de personnes, ce jour-là à Washington, Martin Luther King a prononcé son célèbre discours : *I have a dream* [1].

« Je suis heureux de me joindre à vous aujourd'hui pour participer à ce que l'Histoire appellera la plus grande démonstration pour la liberté dans les annales de notre nation.

Il y a un siècle, un grand Américain, à

---

1. Textes choisis, Le Centurion, 1987. Et dans l'ouvrage de Vincent Roussel : *Martin Luther King,* Epi/Desclée de Brouwer, 1994.

l'ombre duquel nous nous tenons symboliquement aujourd'hui, a signé la Proclamation d'émancipation. Ce décret capital se dresse, comme un grand phare illuminant d'espérance les millions d'esclaves noirs qui avaient été torturés par les flammes de l'injustice. Ce décret est venu comme une aube joyeuse terminer la longue nuit de leur captivité. Mais, cent ans plus tard, le Noir n'est toujours pas libre. Cent ans plus tard, la vie du Noir est encore terriblement handicapée par les menottes de la ségrégation et les chaînes de la discrimination. Cent ans plus tard, le Noir vit à l'écart sur son îlot de pauvreté au milieu d'un vaste océan de prospérité matérielle. Cent ans plus tard, le Noir languit encore dans les coins de la société américaine et se trouve exilé dans son propre pays. C'est la raison pour laquelle nous sommes venus ici, aujourd'hui, dénoncer de façon dramatique une condition humaine honteuse.

Dans un sens, nous sommes venus dans notre capitale nationale pour toucher un chèque.

Quand les architectes de notre République ont rédigé en termes magnifiques notre Constitution de la Déclaration d'Indépendance, ils signaient un chèque dont tout Américain devait hériter. Ce chèque était une promesse qu'à tous les hommes, oui, aux Noirs comme aux Blancs, seraient garantis les droits inaliénables de la vie, de la liberté et de la poursuite du bonheur. Il est évident aujourd'hui que l'Amérique a manqué à ses promesses à l'égard de ses citoyens de couleur. Au lieu d'honorer son chèque, l'Amérique a donné au Noir un chèque en bois, qui est revenu avec l'inscription " provisions insuffisantes ". Mais nous refusons de croire que la banque de la justice a fait faillite. Nous refusons de croire qu'il n'y a plus assez de fonds dans les grands coffres-forts des possibilités de notre nation. Aussi, sommes-nous venus encaisser ce chèque, un chèque qui nous donnera sur demande les richesses de la liberté et la sécurité de la justice.

Nous sommes également venus à cet endroit sacré rappeler à l'Amérique la terrible urgence de l'heure présente. Ce n'est pas le moment de s'offrir le luxe de laisser tiédir notre ardeur ou de prendre les tranquillisants des demi-mesures. C'est l'heure de tenir les promesses de la démocratie. C'est l'heure de l'élever des vallées sombres et désolées de la ségrégation vers le sentier ensoleillé de la justice raciale. C'est l'heure d'arracher notre nation des sables mouvants de l'injustice raciale et de l'établir sur le roc de la fraternité. C'est l'heure de faire de la justice une réalité pour tous les enfants de Dieu. Il serait fatal pour la nation de fermer les yeux sur l'urgence du moment. Cet été accablant du mécontentement légitime du Noir ne se terminera pas sans qu'advienne un automne tonifiant de liberté et d'égalité. 1963 n'est pas une fin, c'est un commencement. Ceux qui espèrent que le Noir avait seulement besoin de se défouler et qu'il sera content à présent auront un rude réveil, si la nation retourne à son train-train habituel.

Il n'y aura ni repos ni tranquillité en Amérique jusqu'à ce qu'on ait accordé au Noir ses droits de citoyen. Les ouragans de la révolte ne cesseront d'ébranler les fondations de notre nation jusqu'à ce que le jour éclatant de la justice apparaisse.

Mais il y a quelque chose que je dois dire à mon peuple, debout sur le seuil usé qui donne accès au palais de la justice : en procédant à la conquête de notre place légitime, nous ne devons pas nous rendre coupables d'actes injustes. Ne cherchons pas à satisfaire notre soif de liberté en buvant à la coupe de l'amertume et de la haine. Nous devons toujours mener notre lutte au niveau élevé de la dignité et de la discipline. Nous ne devons pas laisser nos protestations créatrices dégénérer en violence. Sans cesse, nous devons nous élever jusqu'aux hauteurs majestueuses où la force de l'âme s'unit à la force physique. Le merveilleux esprit militant qui a saisi la communauté noire ne doit pas nous entraîner vers la méfiance de tous les Blancs, car beaucoup de nos frères blancs, leur présence ici aujourd'hui en est la preuve, en sont venus à comprendre que leur destinée est liée à la nôtre.

Ils en sont venus à comprendre que leur liberté est inextricablement liée à la nôtre. Et, tout en marchant, nous devons prendre l'engagement que nous continuerons notre marche en avant.

Nous ne pouvons pas faire demi-tour. Il y a des gens qui demandent aux militants des Droits Civiques : " Quand serez-vous satisfaits ? " Nous ne serons jamais satisfaits aussi longtemps que le Noir sera la victime des horreurs inqualifiables de la brutalité policière.

Nous ne pourrons être satisfaits aussi

longtemps que nos corps, lourds de la fatigue des voyages, ne pourront pas obtenir un lit dans les motels des grandes routes et dans les hôtels en ville.

Nous ne pourrons être satisfaits aussi longtemps que le Noir obligé de se déplacer ne pourra aller que d'un petit ghetto à un ghetto plus grand. Nous ne pourrons être satisfaits aussi longtemps que nos enfants, même devenus grands, ne seront pas traités en adultes et verront leur dignité bafouée par les panneaux : " Réservé aux Blancs ".

Nous ne pourrons être satisfaits aussi longtemps que le Noir dans le Mississippi ne pourra pas voter et que le Noir à New York pensera que son vote est inutile.

Non, non, nous ne sommes pas satisfaits et nous ne le serons jamais, jusqu'à ce que le droit coule comme l'eau, et la justice comme un torrent qui ne tarit pas.

Je n'oublie pas que quelques-uns d'entre vous sont venus ici après de dures épreuves et des tribulations. Quelques-uns d'entre vous viennent de sortir d'étroites cellules de prison.

D'autres viennent de régions où leur quête de liberté leur a valu d'être battus par les orages de la persécution et secoués par les bourrasques de la brutalité policière. Vous avez été les héros de la souffrance créatrice. Continuez à travailler avec la certitude que la souffrance imméritée est rédemptrice.

Retournez dans le Mississippi, retournez en Alabama, retournez en Caroline du Sud, retournez en Georgie, retournez en Louisiane, retournez dans les taudis et les ghettos de nos cités du Nord, sachant qu'en tous cas cette situation peut et doit changer. Ne marchons pas en titubant dans la vallée du désespoir.

Je vous le dis aujourd'hui, mes amis, bien que, oui, bien que nous ayons à faire face aux difficultés d'aujourd'hui et de demain je fais toujours un rêve :

Je rêve qu'un jour sur les collines rousses de Georgie, les fils d'anciens esclaves et les fils d'anciens maîtres d'esclaves pourront s'asseoir ensemble à la table de la fraternité.

Je rêve qu'un jour même l'Etat du Mississippi, un Etat où l'injustice et l'oppression créent une chaleur étouffante, sera transformé en une oasis de liberté et de justice.

Je rêve que mes quatre petits-enfants vivront un jour dans une nation où ils ne seront pas jugés sur la couleur de leur peau, mais sur la valeur de leur caractère. Je rêve...

Je rêve qu'un jour, dans l'Alabama, avec ses abominables racistes, avec son gouverneur qui n'a aux lèvres que des mots d'opposition aux lois fédérales et d'annulation de ces lois, que là même en Alabama, un jour les petits garçons noirs et les petites filles blanches pourront se donner la main, comme frères et sœurs. Je rêve aujourd'hui...

Je rêve qu'un jour toute vallée sera élevée, toute colline et toute montagne seront abaissées. Les endroits escarpés seront aplanis et les chemins tortueux redressés. Et la gloire du Seigneur sera révélée et tout être de chair la verra. C'est notre espérance.

C'est la foi avec laquelle je retourne dans le Sud. Avec cette foi, nous pourrons sceller dans la montagne du désespoir une pierre d'espérance. Avec cette foi, nous pourrons transformer les discordes criardes de notre nation en une superbe symphonie de fraternité. Avec cette foi, nous pourrons travailler ensemble, prier ensemble, lutter ensemble, aller en prison ensemble, défendre la cause de la liberté ensemble, sachant qu'un jour, nous serons libres.

Ce sera le jour où tous les enfants de Dieu pourront chanter ces paroles qui auront alors un sens nouveau : " Mon pays, c'est toi, douce terre de liberté, c'est toi que je chante. Terre où sont morts mes pères, terre dont les pèlerins étaient fiers, que du flanc de chacune de tes montagnes, sonne la cloche de la liberté ! "

Et, si l'Amérique doit être une grande nation, que cela devienne vrai. Que la cloche de la liberté sonne du haut des merveilleuses collines du New Hampshire ! Que la cloche de la liberté sonne du haut des montagnes grandioses de l'Etat de New York ! Que la cloche de la liberté sonne du haut des cimes neigeuses des montagnes rocheuses du Colorado ! Que la cloche de la liberté sonne depuis les pentes harmonieuses de la Californie !

Mais ce n'est pas tout. Que la cloche de la liberté sonne du haut du mont Stone de Georgie ! Que la cloche de la liberté sonne du haut du mont Lookout du Tennessee ! Que la cloche de la liberté sonne du haut de chaque colline et de chaque butte du Mississippi ! Du flanc de chaque montagne, que sonne la cloche de la liberté !

Quand nous permettrons à la cloche de la

liberté de sonner dans chaque hameau, dans chaque village, dans chaque cité et dans chaque Etat, nous pourrons fêter le jour où tous les enfants de Dieu, les Noirs et les Blancs, les Juifs et les non-Juifs, les protestants et les catholiques, pourront se donner la main et chanter les paroles du vieux negro spiritual : " Enfin libres, enfin libres, grâce en soit rendue au Dieu tout-puissant, nous sommes enfin libres ! " »

MES REMERCIEMENTS

A Elie Wiesel.
A l'abbé Pierre.
A Yves Berger et Bernard-Henri Lévy.

A Annette Colin-Simard, Christian Sauvage, Claude-Marie Vadrot et Manuel Carcassonne.

A Annie Chénieux, Bernardette Pelletier, Denise Laskowski et Monique Aellen.

Pour votre écoute, vos conseils, votre aide et vos recherches.

A. G.

TABLE

Avant-propos : Le réveil du Dragon.   11

Première Partie

L'histoire commence par la fin

Chapitre Premier : LES YEUX DE GORBAT-
CHEV   31
Chapitre 2 : LES PETITS-ENFANTS D'ETIENNE
LANTIER   41
Chapitre 3 : LES POSTERS DE JFK ET DU CHE   53

Deuxième Partie

La politique a horreur du vide

Chapitre Premier : LES ÉQUARRISSEURS   73
Chapitre 2 : LES BONIMENTEURS   91
Chapitre 3 : LES MORALISATEURS   109

Troisième Partie

Les rêves dissipés

Chapitre Premier : Le parler-vrai tue le rêve 127
Chapitre 2 : Au chevet du malade 139
Chapitre 3 : Rallumez la lumière ! 149

Épilogue : Le rêve et la mémoire, entretien avec Elie Wiesel 163

Annexe : « I have a dream », discours prononcé par Martin Luther King à Washington le 28 août 1963 179

Mes remerciements 191